AF594548

MARINA PEREZ SIMÃO

Circle Cobogó

All is holy, all is holy, all is holy. Nothing is natural in nature, my boy; keep that in mind. When nature will look natural to you, it will be the end of everything.

Pier Paolo Pasolini, *Medea,* 1969

Tudo é santo, tudo é santo, tudo é santo. Não há nada natural na natureza, meu rapaz, lembre-se disso. Quando a natureza parecer natural para você, tudo acabará.

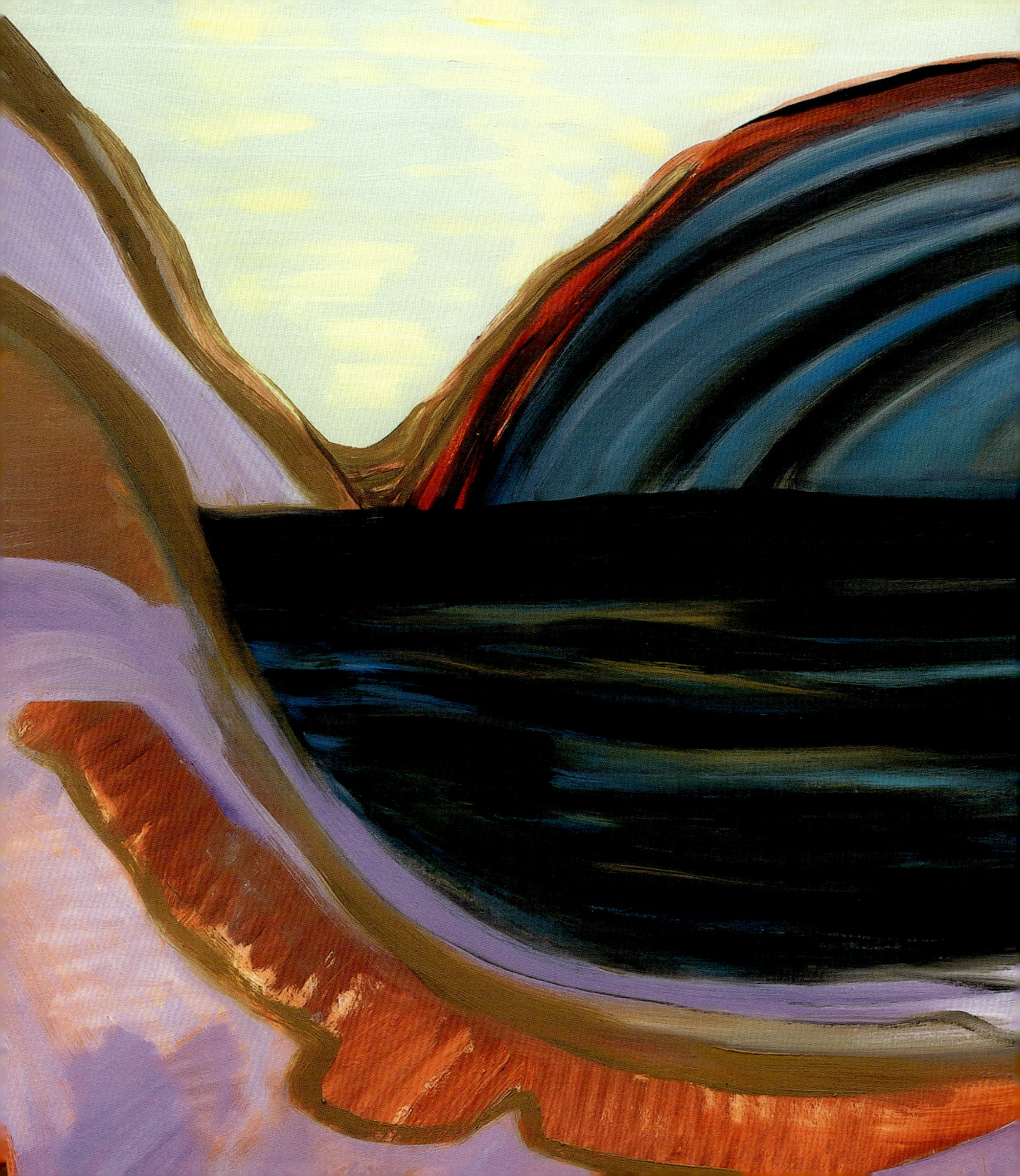

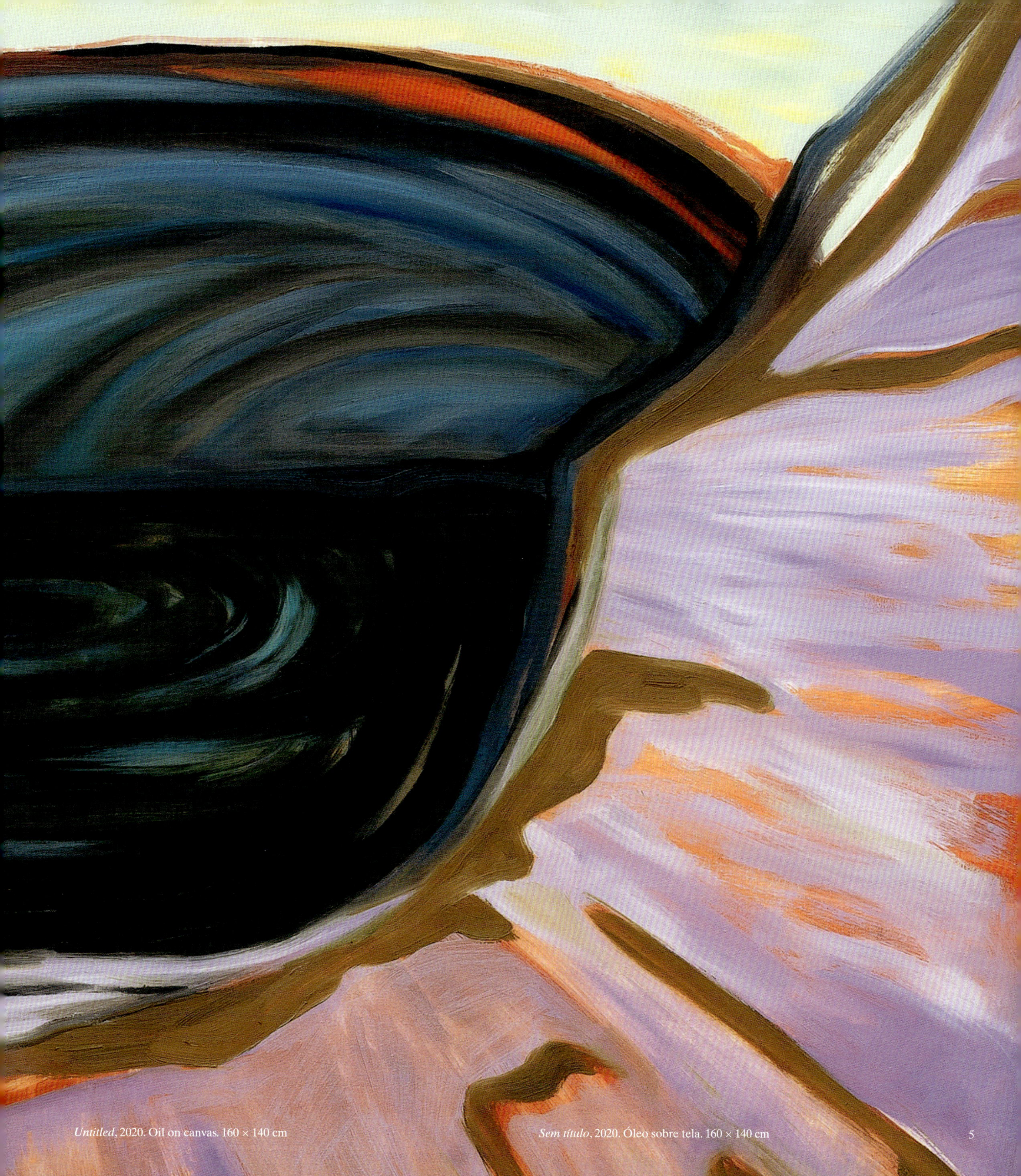

Untitled, 2020. Oil on canvas. 160 × 140 cm

Sem título, 2020. Óleo sobre tela. 160 × 140 cm

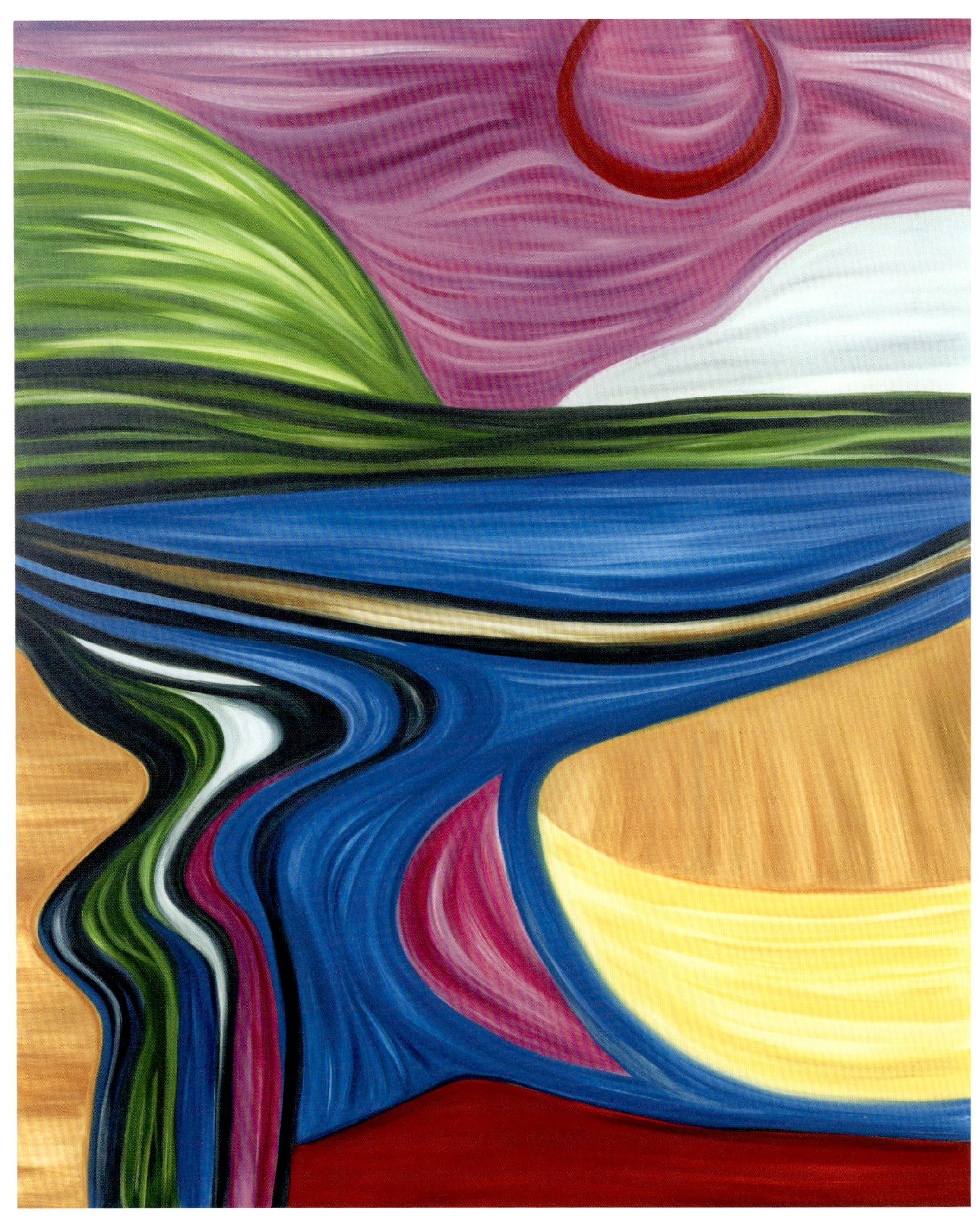

Untitled, 2021. Oil on canvas. 170 × 136 cm

Sem título, 2021. Óleo sobre tela. 170 × 136 cm

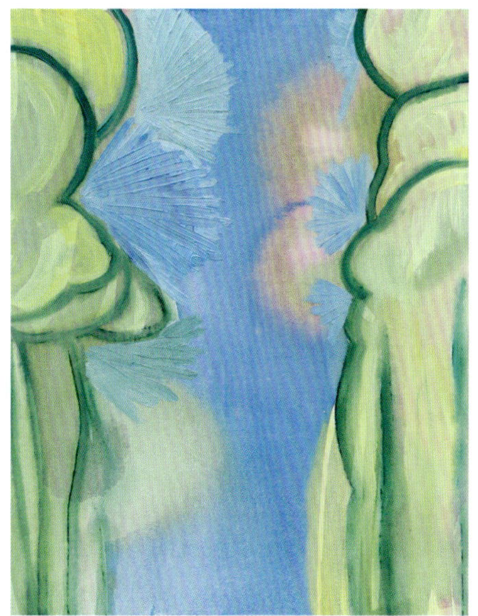

Untitled, 2019. Oil on canvas. 50 × 40 cm

Sem título, 2019. Óleo sobre tela. 50 × 40 cm

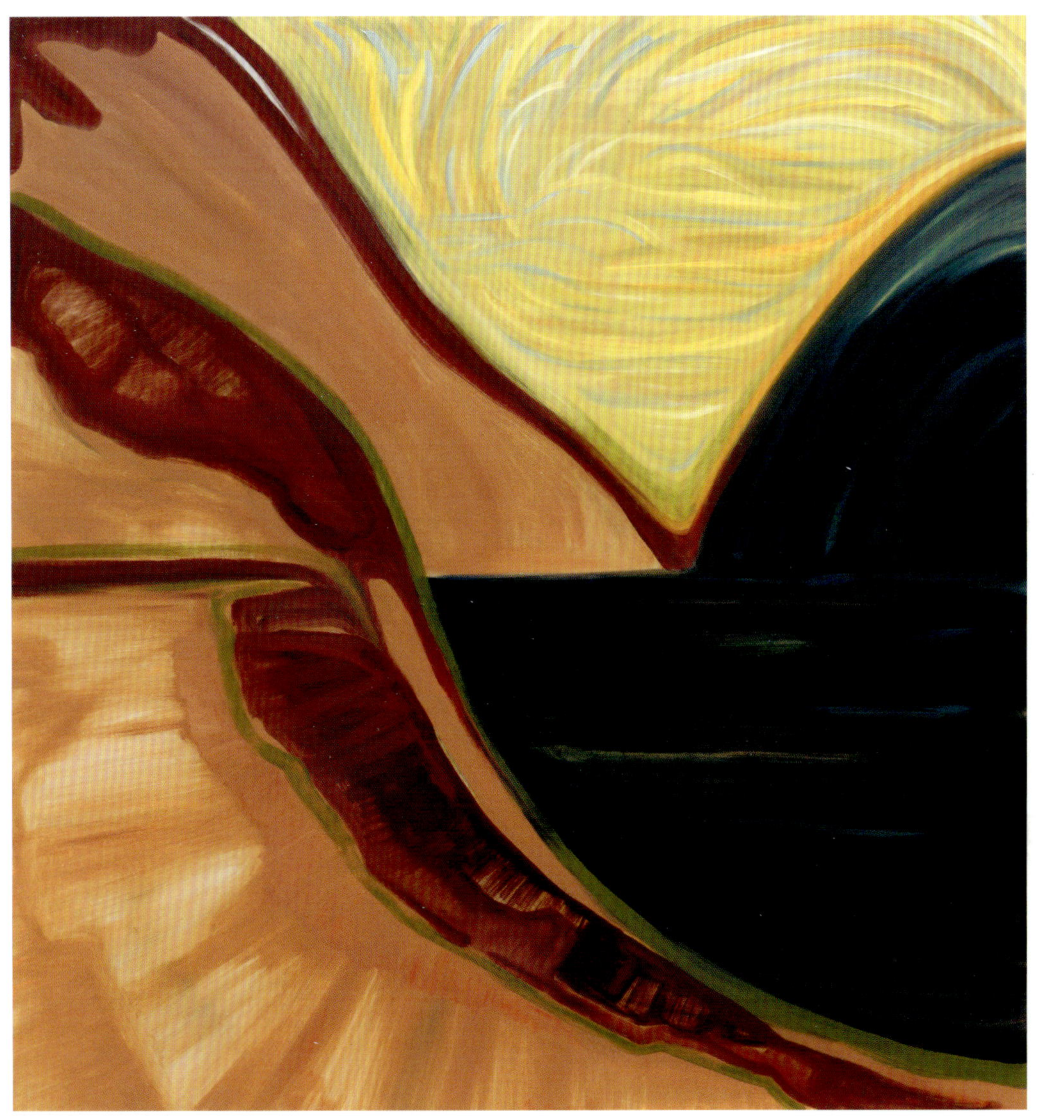

Untitled, 2020. Oil on canvas. 145 × 134 cm

Sem título, 2020. Óleo sobre tela. 145 × 134 cm

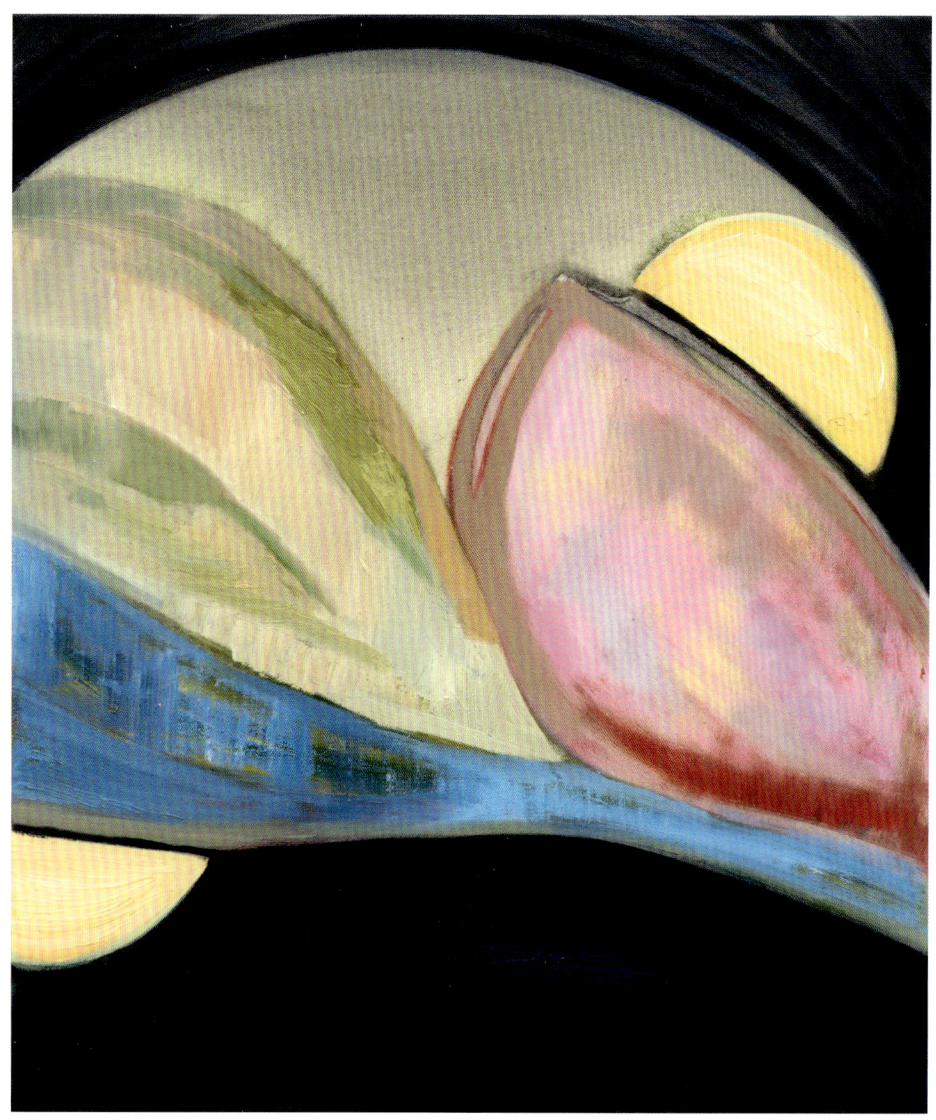

Untitled, 2020. Oil on canvas. 60 × 50 cm

Sem título, 2020. Óleo sobre tela. 60 × 50 cm

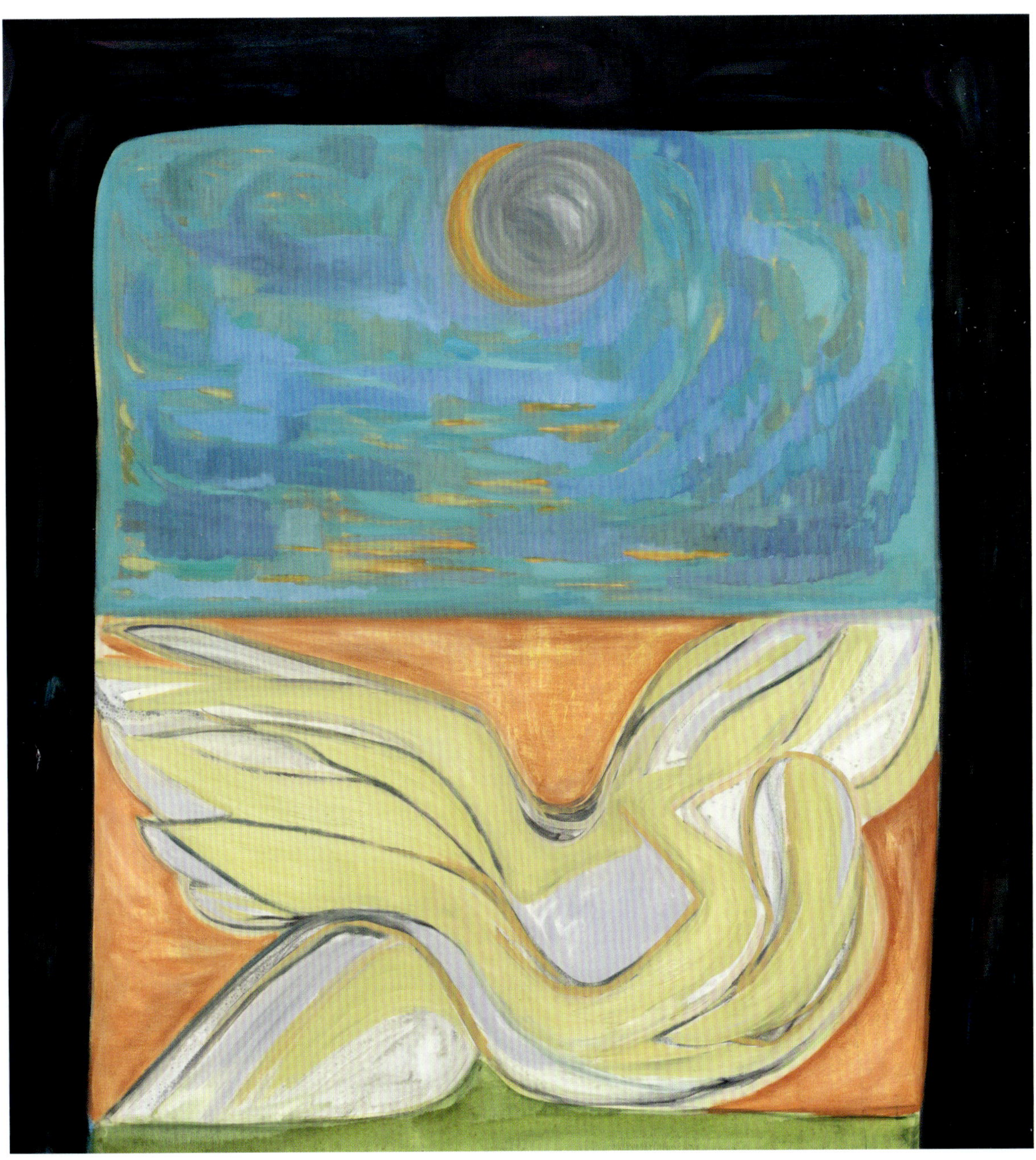

Untitled, 2020. Oil on canvas. 170 × 153 cm

Sem título, 2020. Óleo sobre tela. 170 × 153 cm

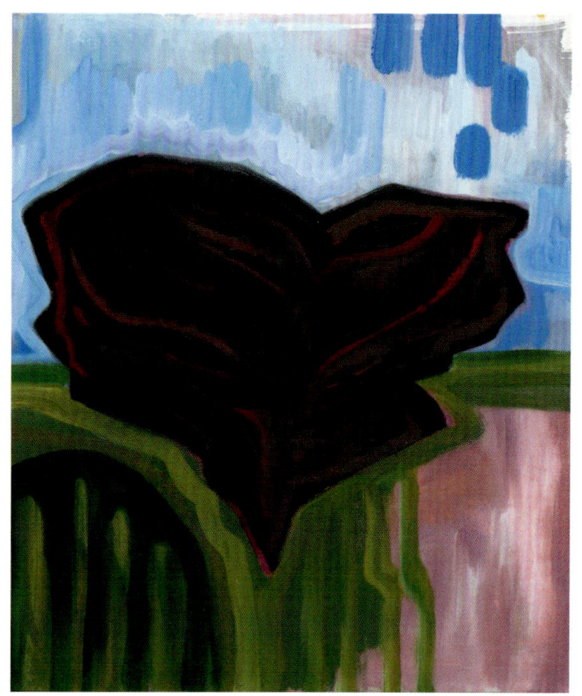

Untitled, 2020. Oil on canvas. 60 × 50 cm

Sem título, 2020. Óleo sobre tela. 60 × 50 cm

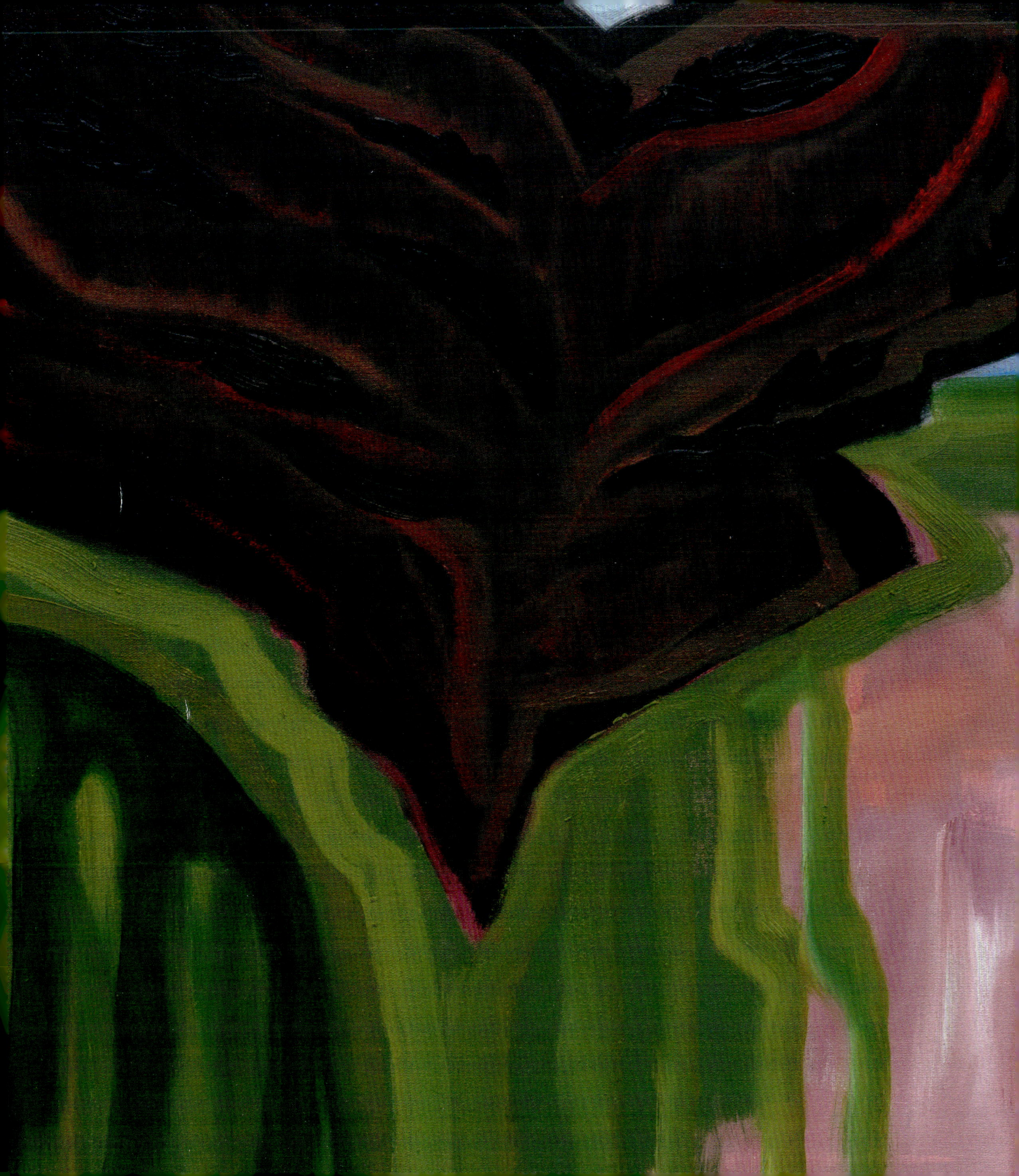

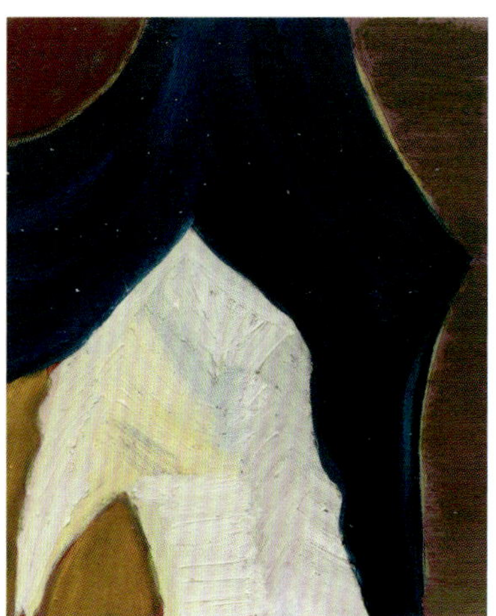

Untitled, 2020. Oil on canvas. 30 × 24 cm

Sem título, 2020. Óleo sobre tela. 30 × 24 cm

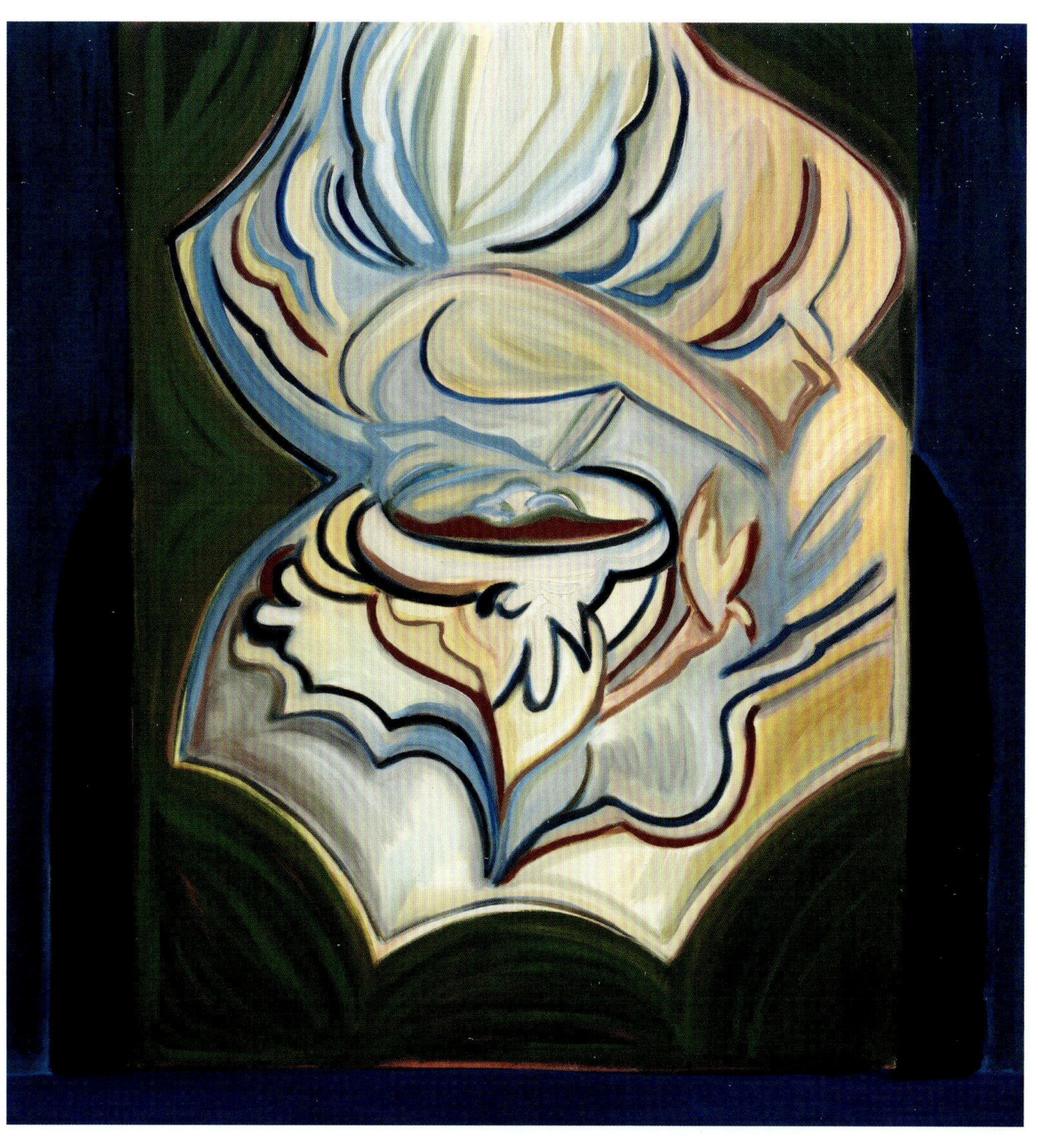

Untitled, 2019. Oil on canvas. 145 × 133 cm

Sem título, 2019. Óleo sobre tela. 145 × 133 cm

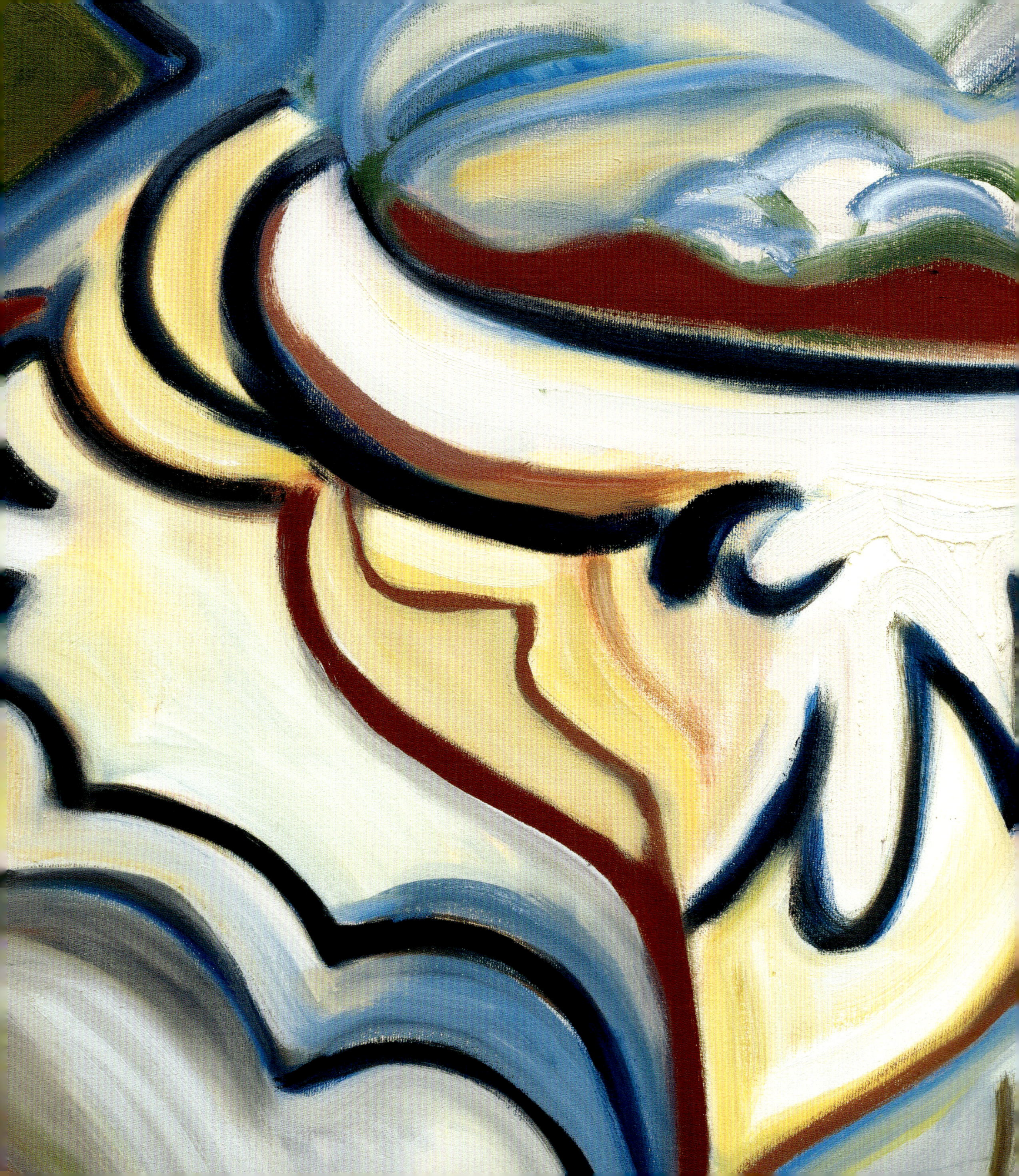

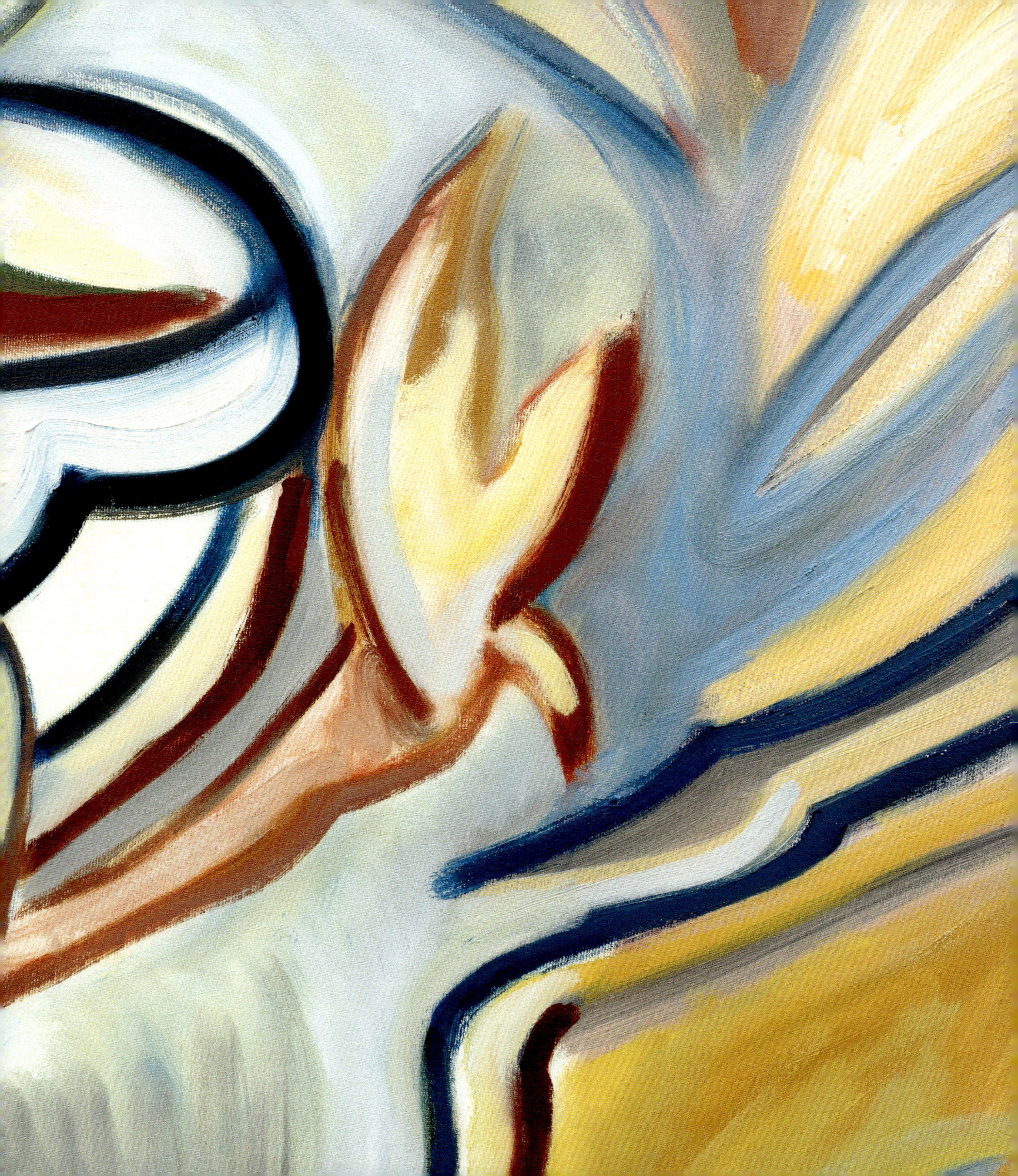

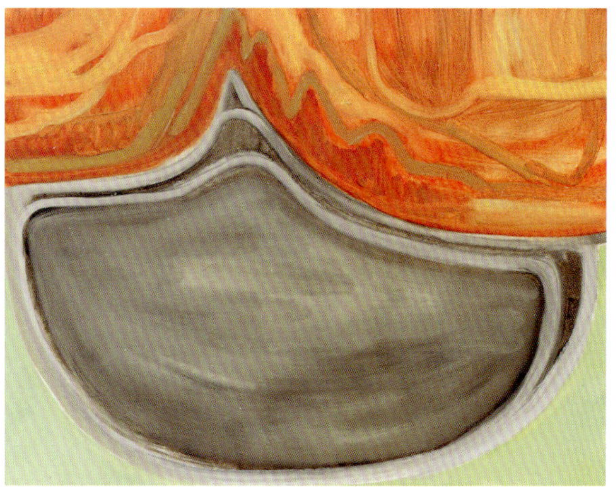

Untitled, 2020. Oil on canvas. 40 × 50 cm

Sem título, 2020. Óleo sobre tela. 40 × 50 cm

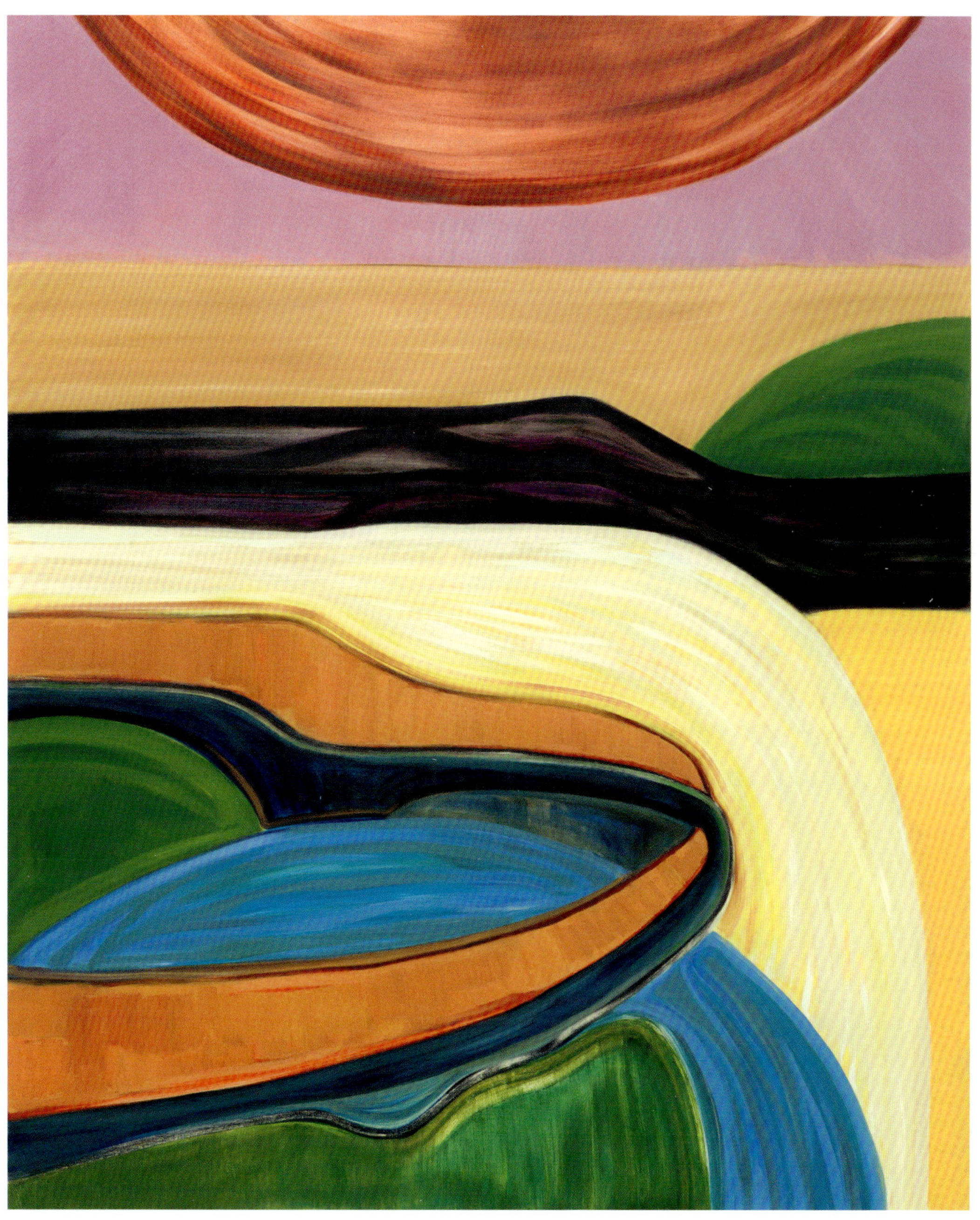

Untitled, 2020. Oil on canvas. 170 × 136 cm

Sem título, 2020. Óleo sobre tela. 170 × 136 cm

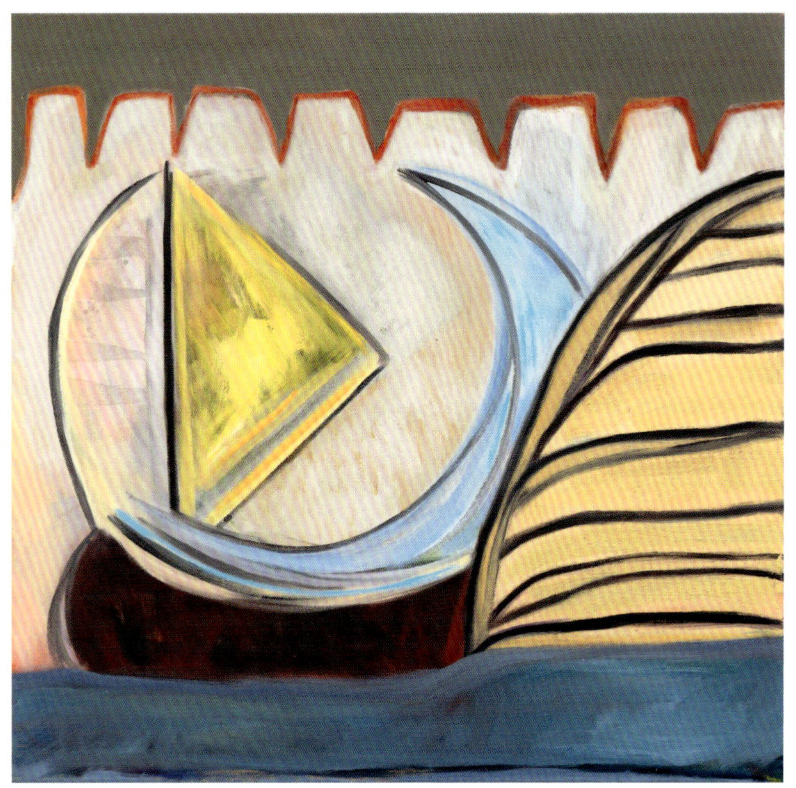

Untitled, 2020. Oil on canvas. 70 × 70 cm

Sem título, 2020. Óleo sobre tela. 70 × 70 cm

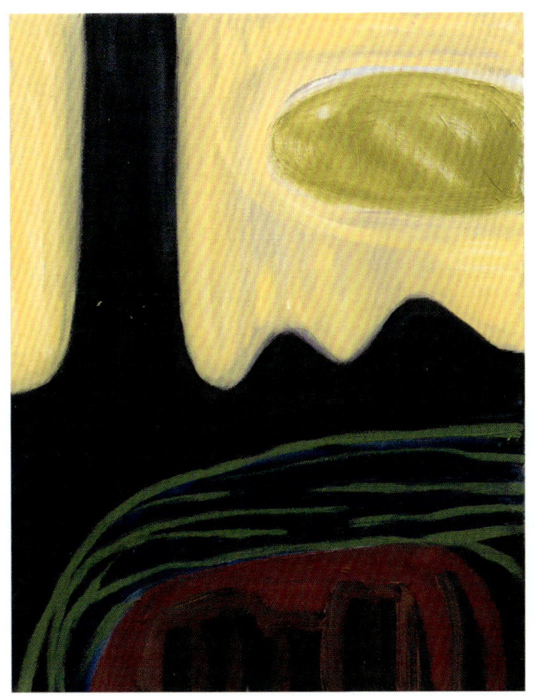

Untitled, 2020. Oil on canvas. 40 × 30 cm

Sem título, 2020. Óleo sobre tela. 40 × 30 cm

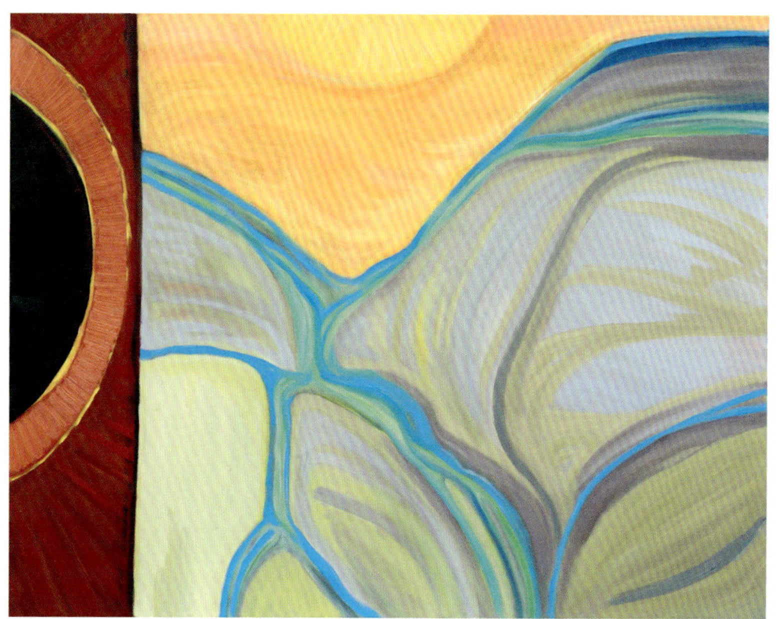

Untitled, 2020. Oil on canvas. 80 × 100 cm

Sem título, 2020. Óleo sobre tela. 80 × 100 cm

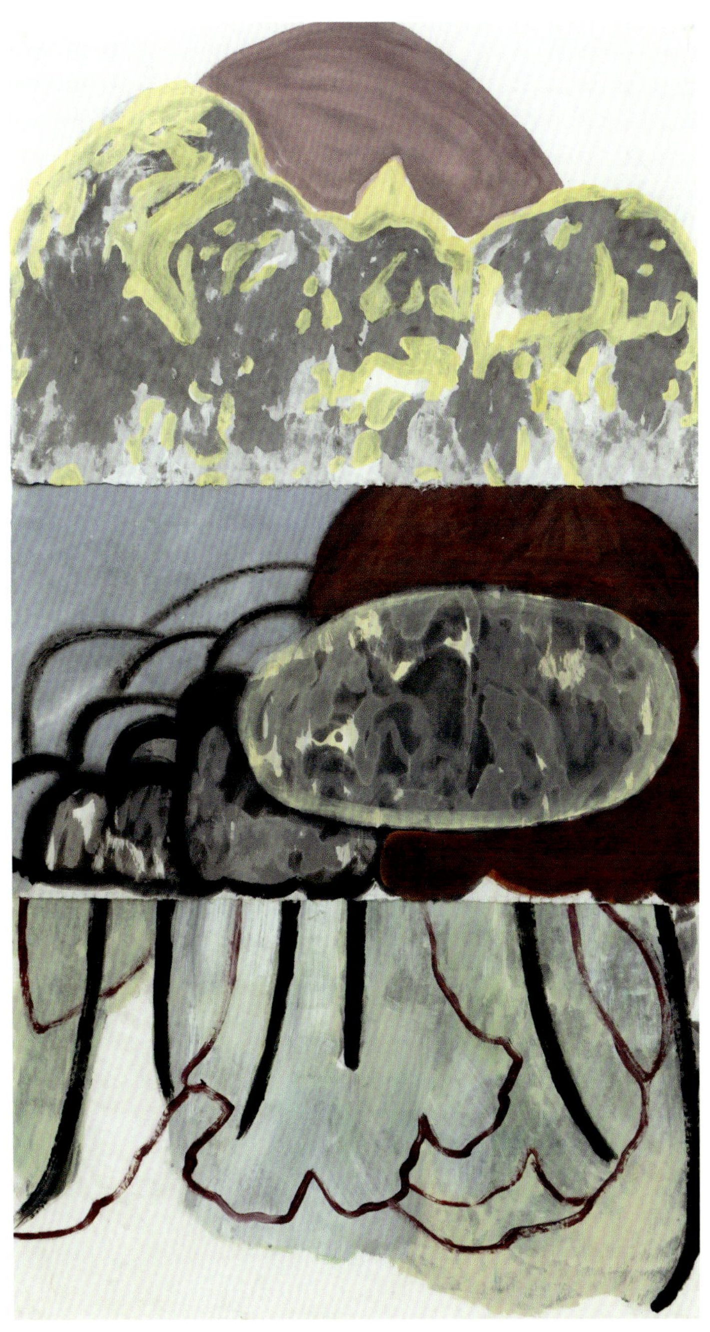

Untitled, 2020. Acrylic and gouache on paper. 172 × 94 cm

Sem título, 2020. Acrílico e guache sobre papel. 172 × 94 cm

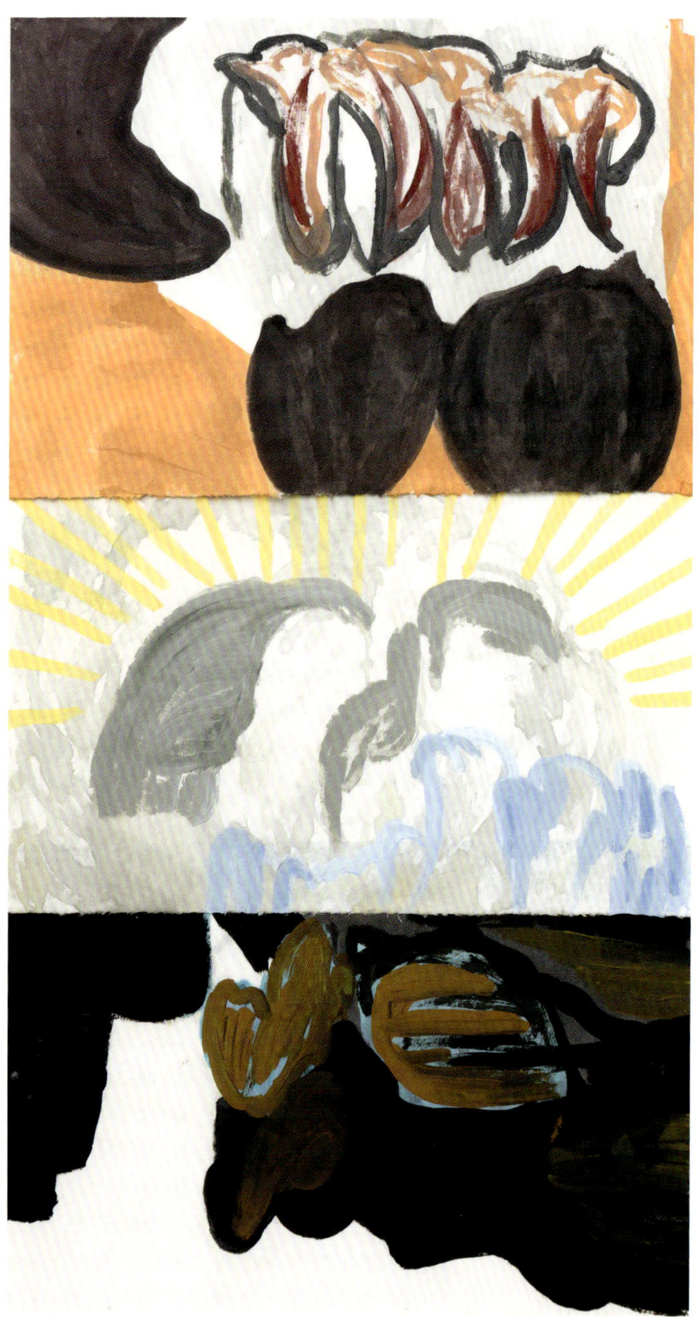

Untitled, 2020. Acrylic and gouache on paper. 172 × 94 cm

Sem título, 2020. Acrílico e guache sobre papel. 172 × 94 cm

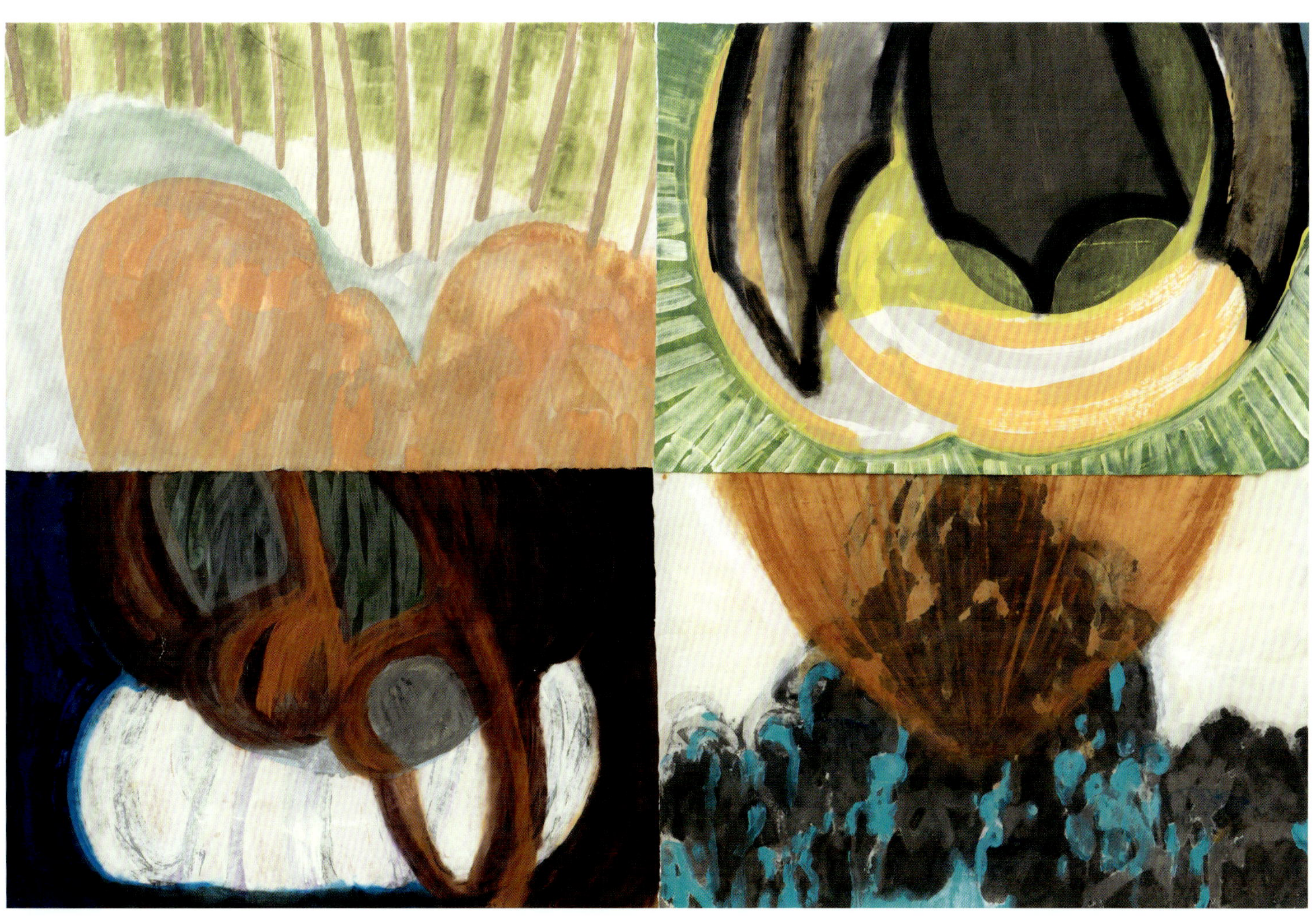

Untitled, 2020. Acrylic and gouache on paper. 128 × 192 cm

Sem título, 2020. Acrílico e guache sobre papel. 128 × 192 cm

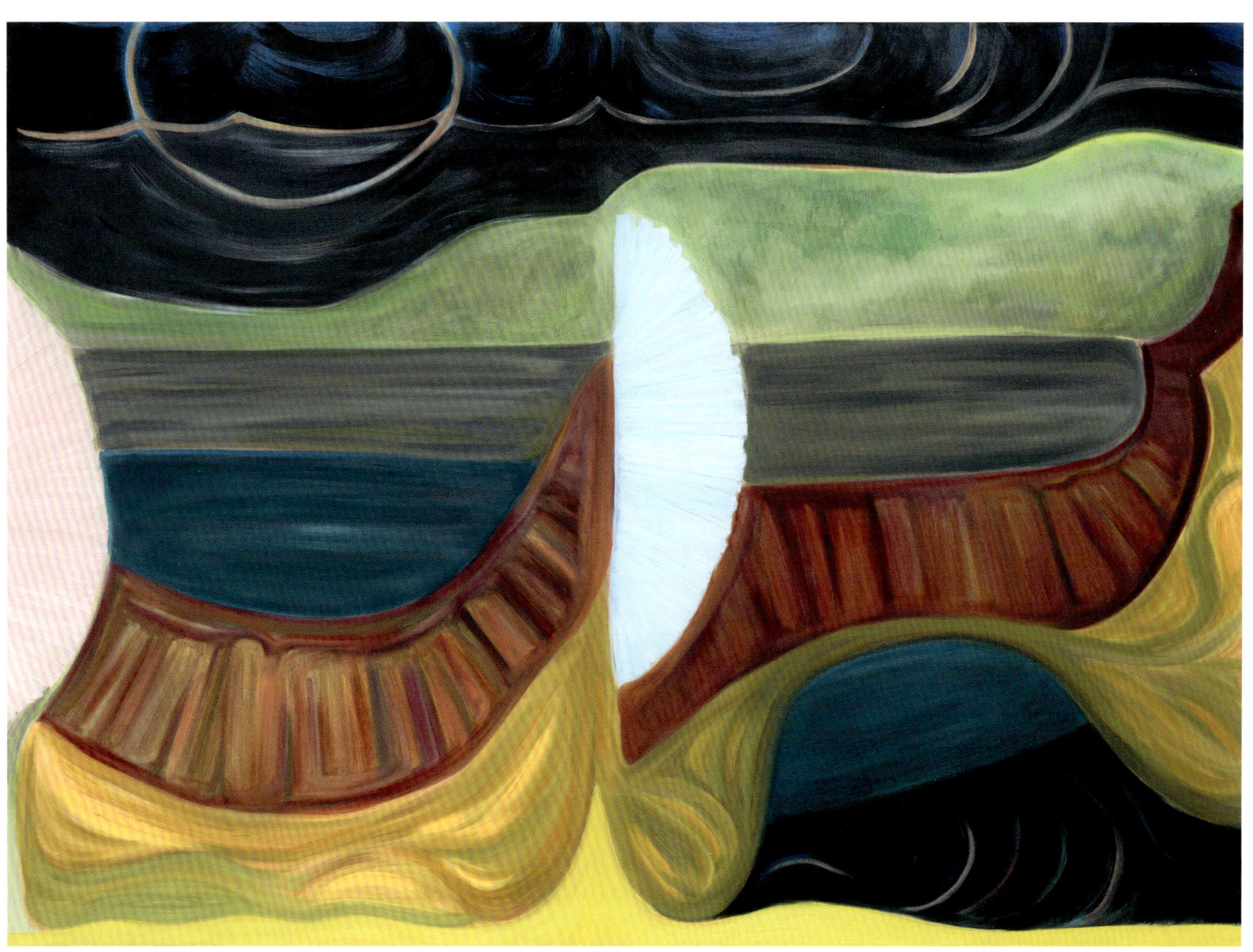

Untitled, 2020. Oil on canvas. 143 × 190 cm

Sem título, 2020. Óleo sobre tela. 143 × 190 cm

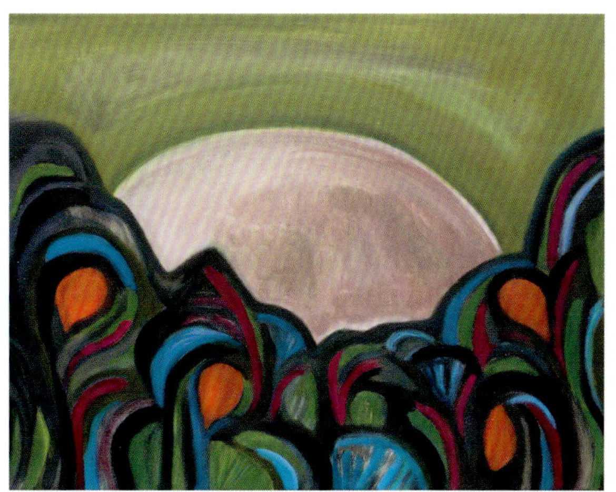

Untitled, 2020. Oil on canvas. 40 × 50 cm

Sem título, 2020. Óleo sobre tela. 40 × 50 cm

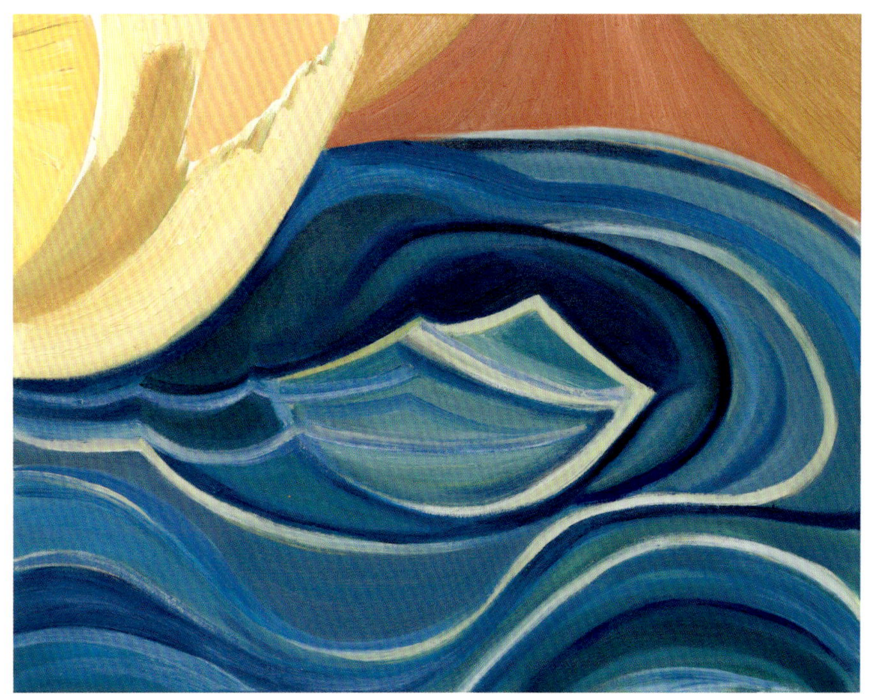

Untitled, 2020. Oil on canvas. 40 × 50 cm

Sem título, 2020. Óleo sobre tela. 40 × 50 cm

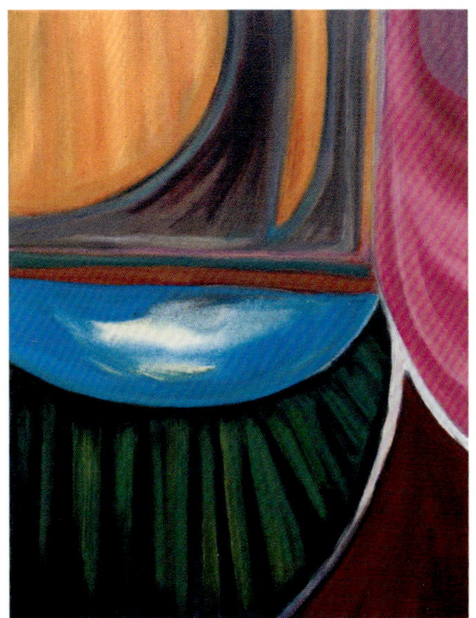

Untitled, 2020. Oil on canvas. 40 × 30 cm

Sem título, 2020. Óleo sobre tela. 40 × 30 cm

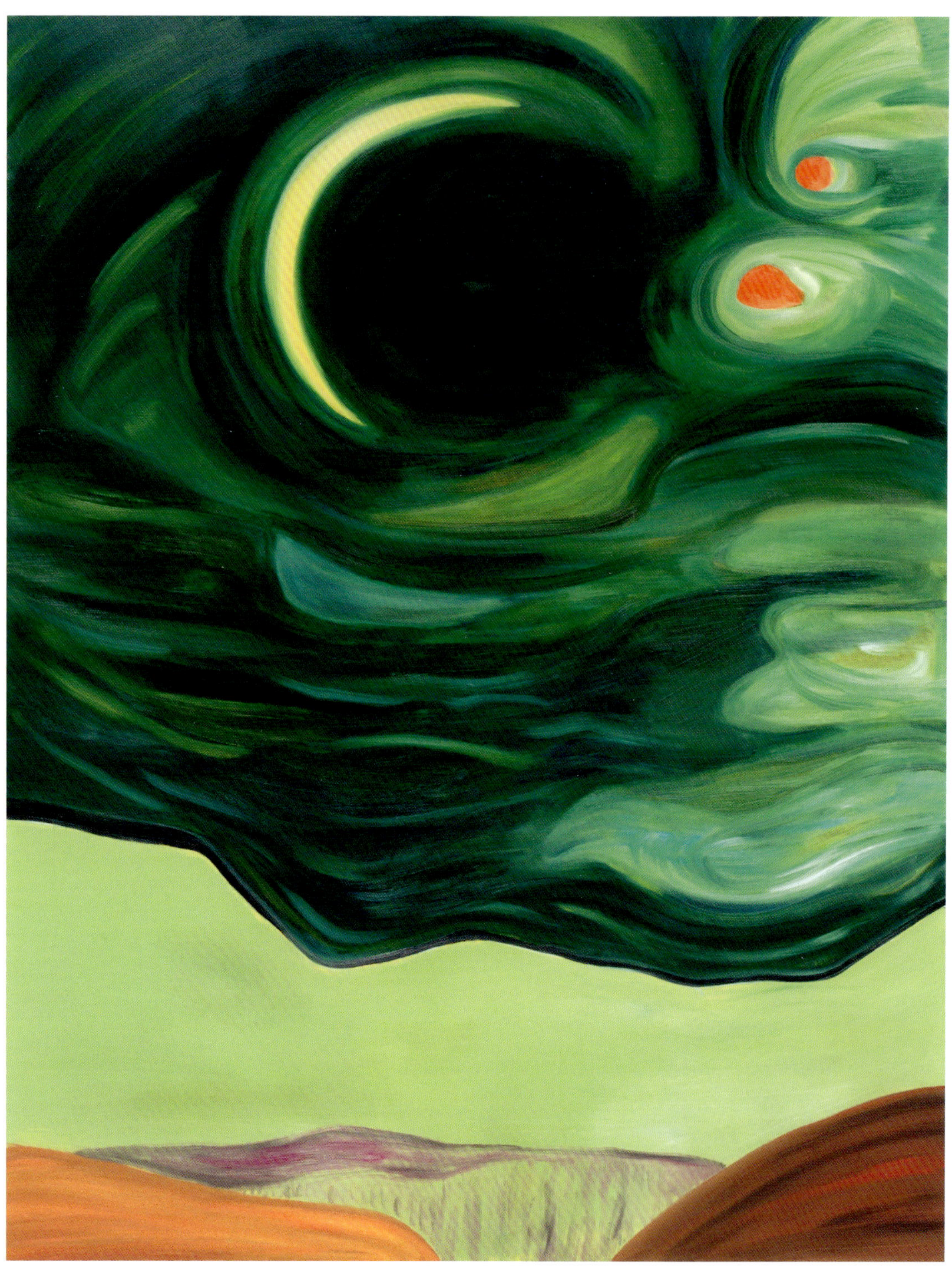

Untitled, 2020. Oil on canvas. 190 × 143 cm

Sem título, 2020. Óleo sobre tela. 190 × 143 cm

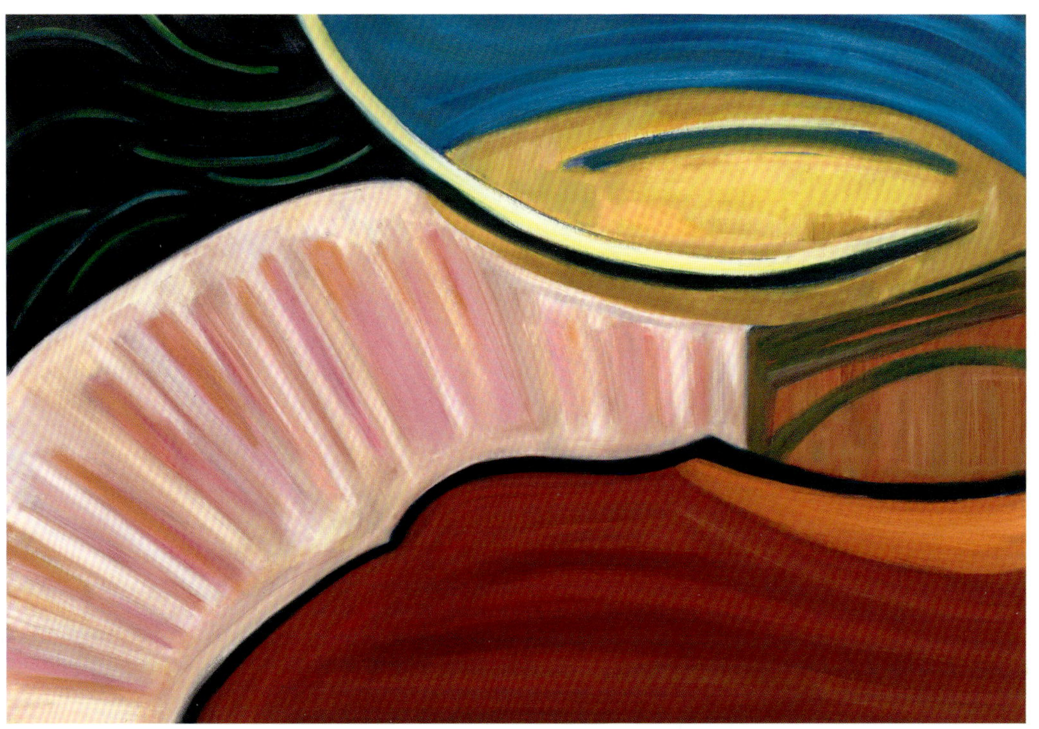

Untitled, 2020. Oil on canvas. 66 × 94.5 cm

Sem título, 2020. Óleo sobre tela. 66 × 94.5 cm

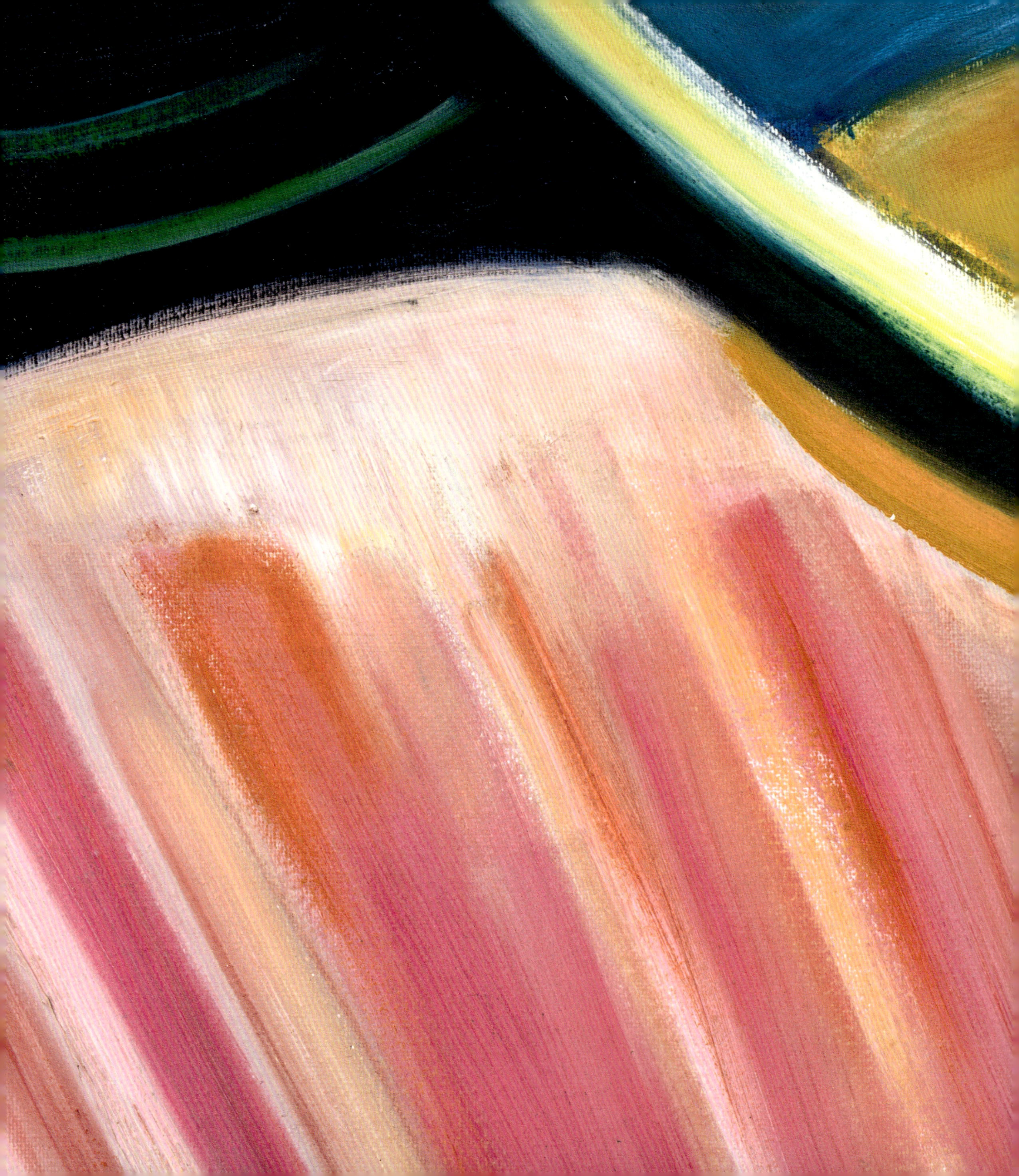

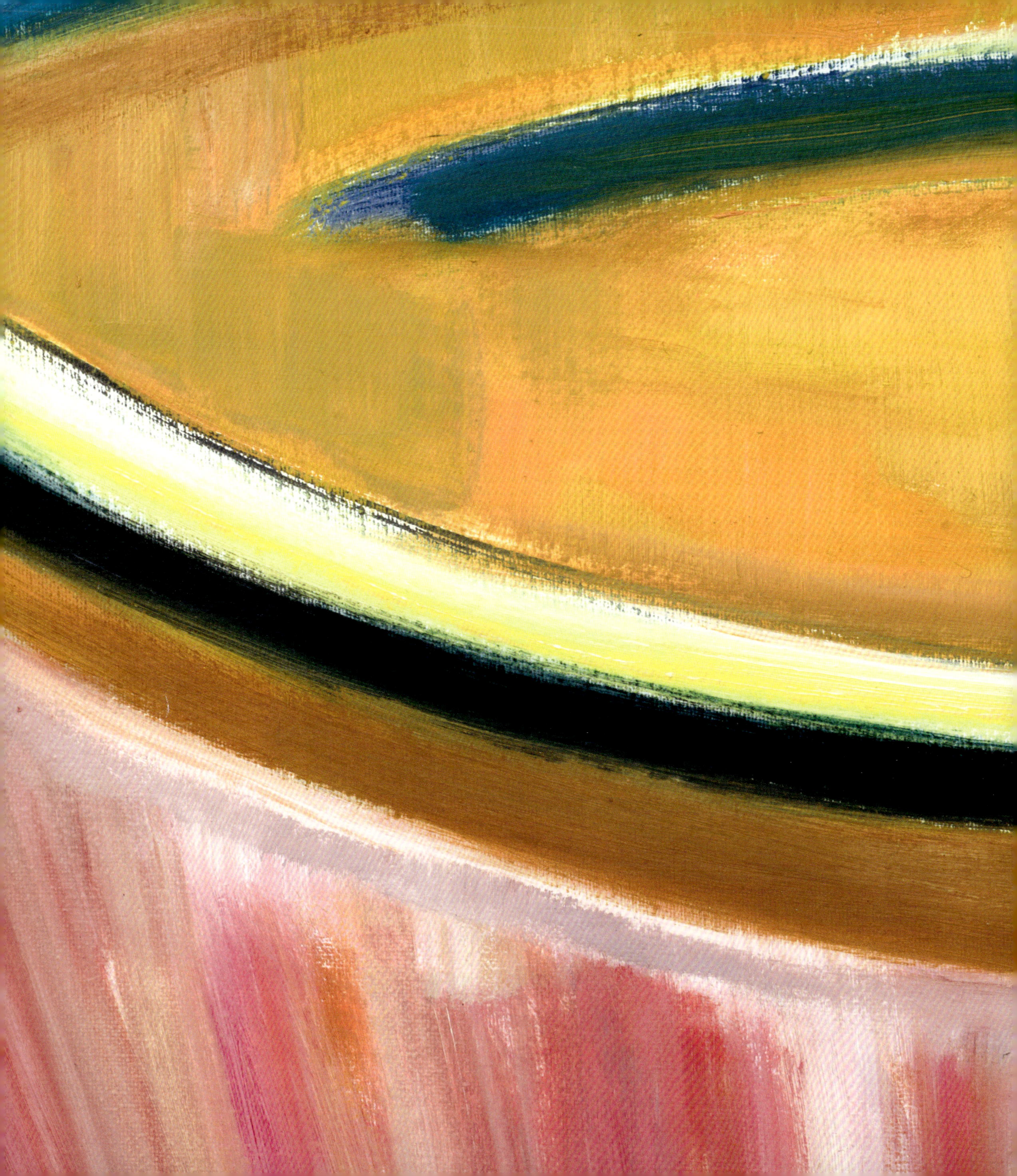

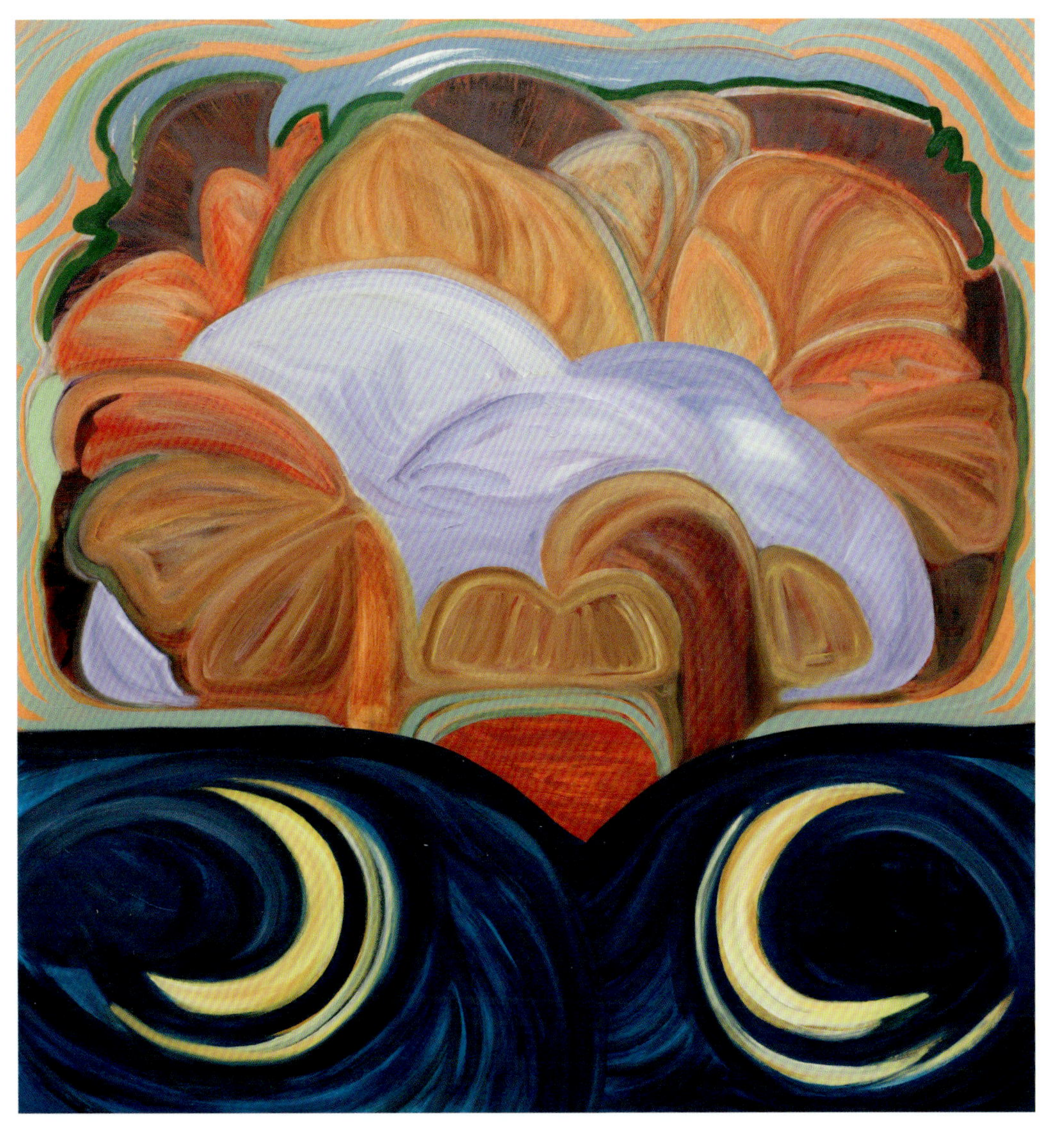

Untitled, 2020. Oil on canvas. 145.5 × 143 cm

Sem título, 2020. Óleo sobre tela. 145.5 × 143 cm

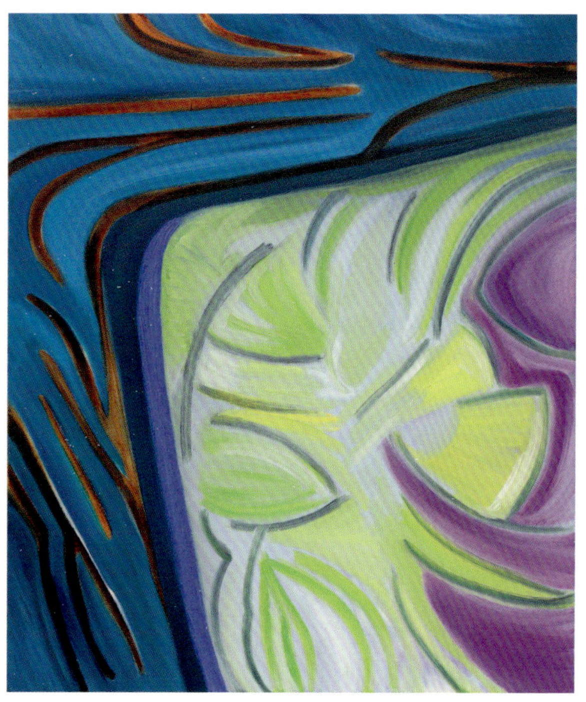

Untitled, 2020. Oil on canvas. 60 × 50 cm

Sem título, 2020. Óleo sobre tela. 60 × 50 cm

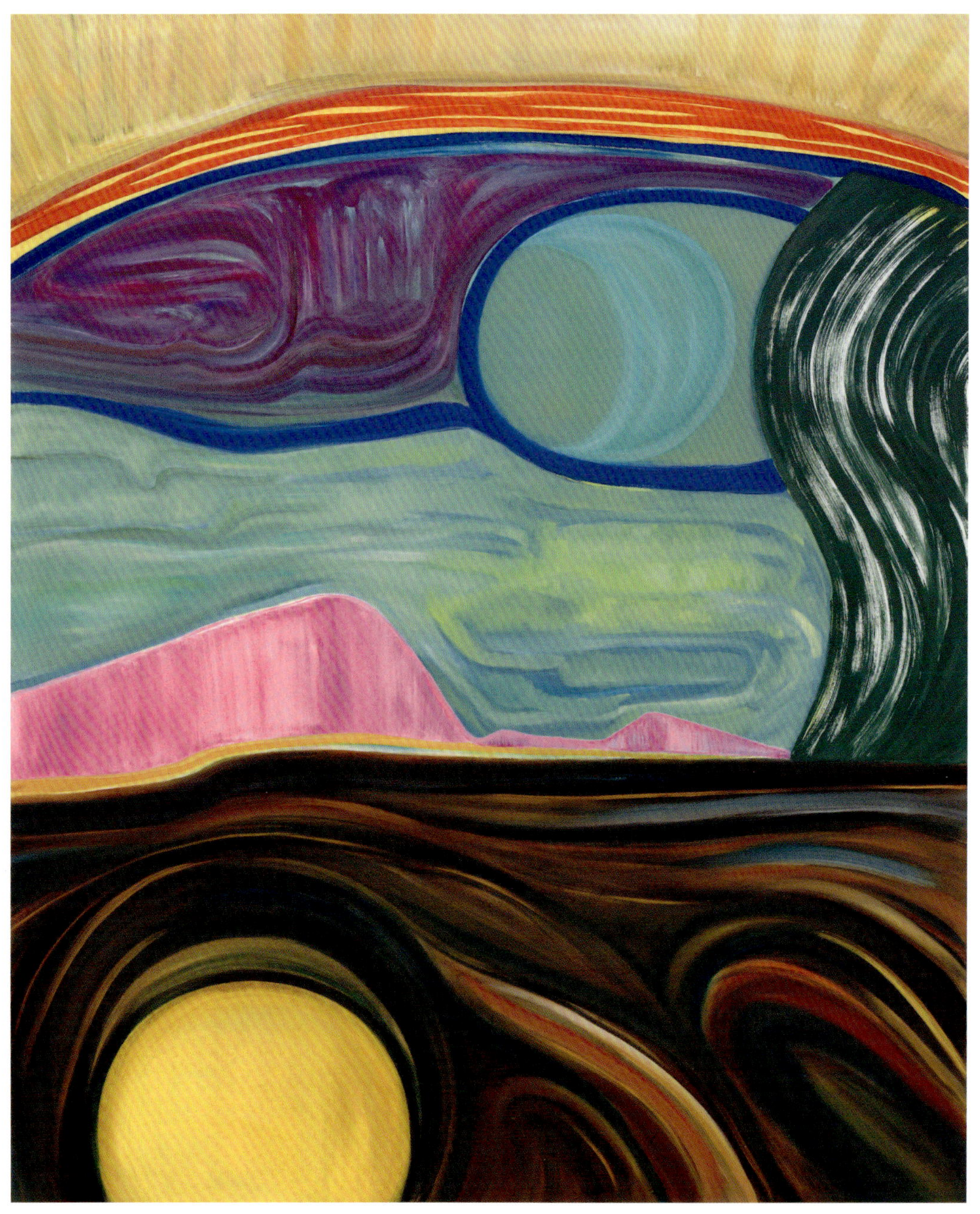

Untitled, 2020. Oil on canvas. 170 × 136 cm

Sem título, 2020. Óleo sobre tela. 170 × 136 cm

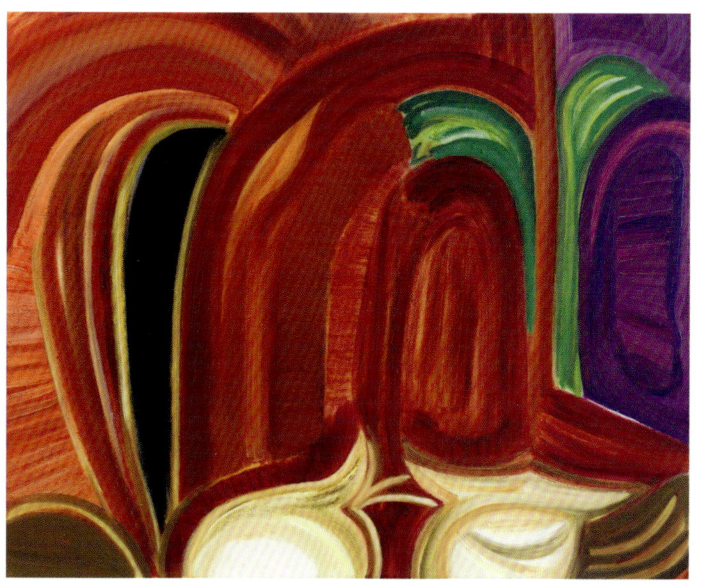

Untitled, 2020. Oil on canvas. 50 × 60 cm

Sem título, 2020. Óleo sobre tela. 50 × 60 cm

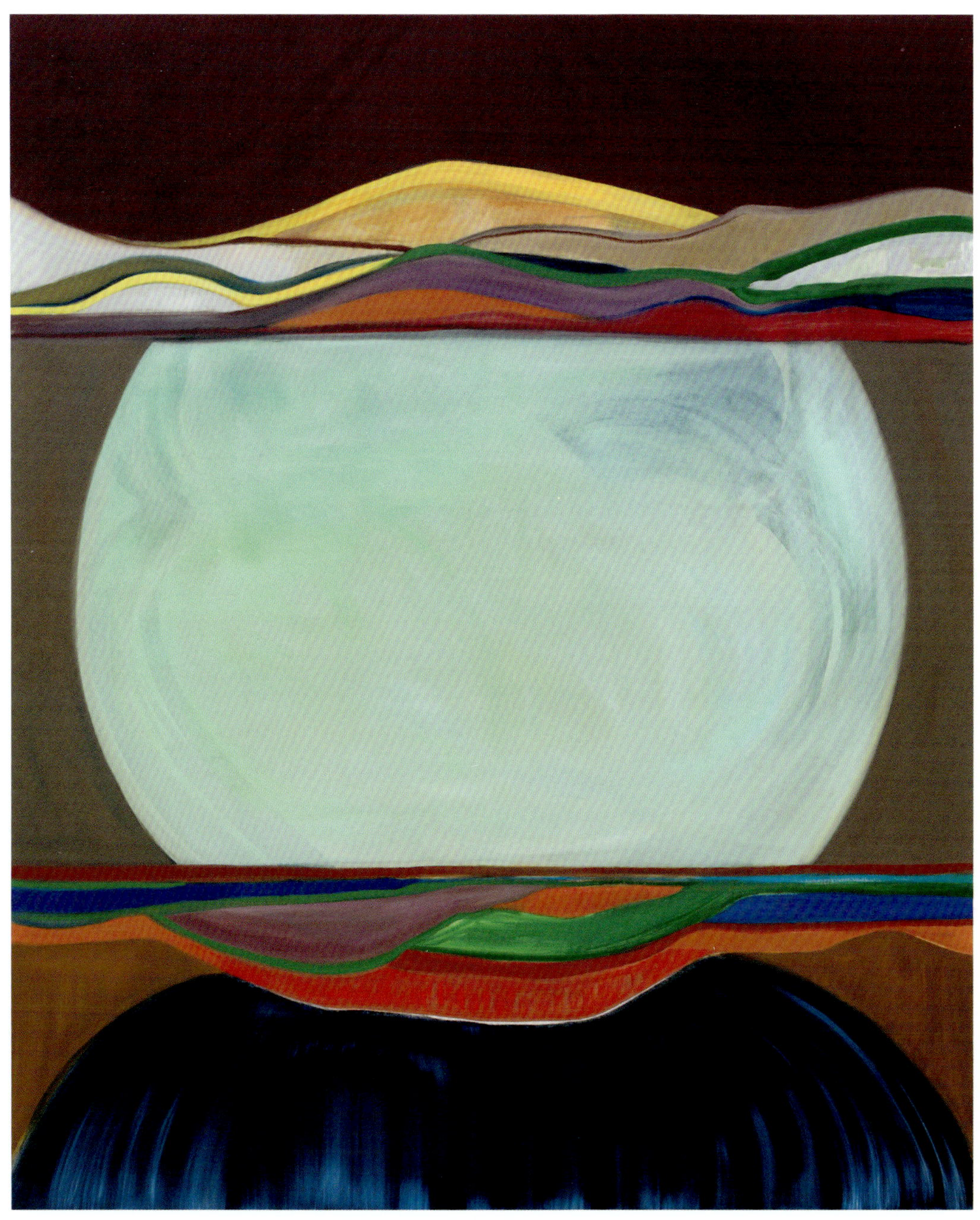

Untitled, 2020. Oil on canvas. 170 × 136 cm

Sem título, 2020. Óleo sobre tela. 170 × 136 cm

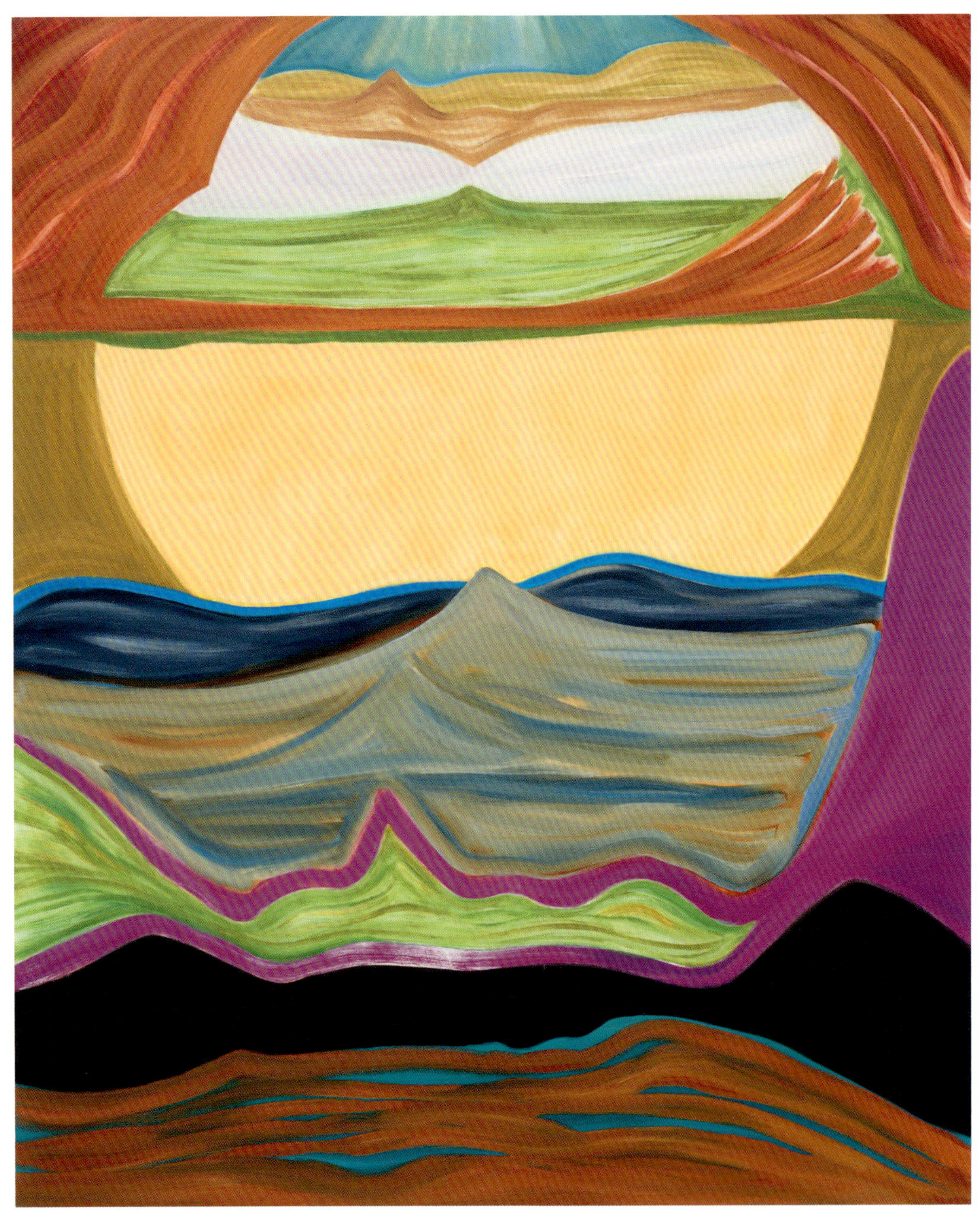

Untitled, 2020. Oil on canvas. 170 × 136 cm

Sem título, 2020. Óleo sobre tela. 170 × 136 cm

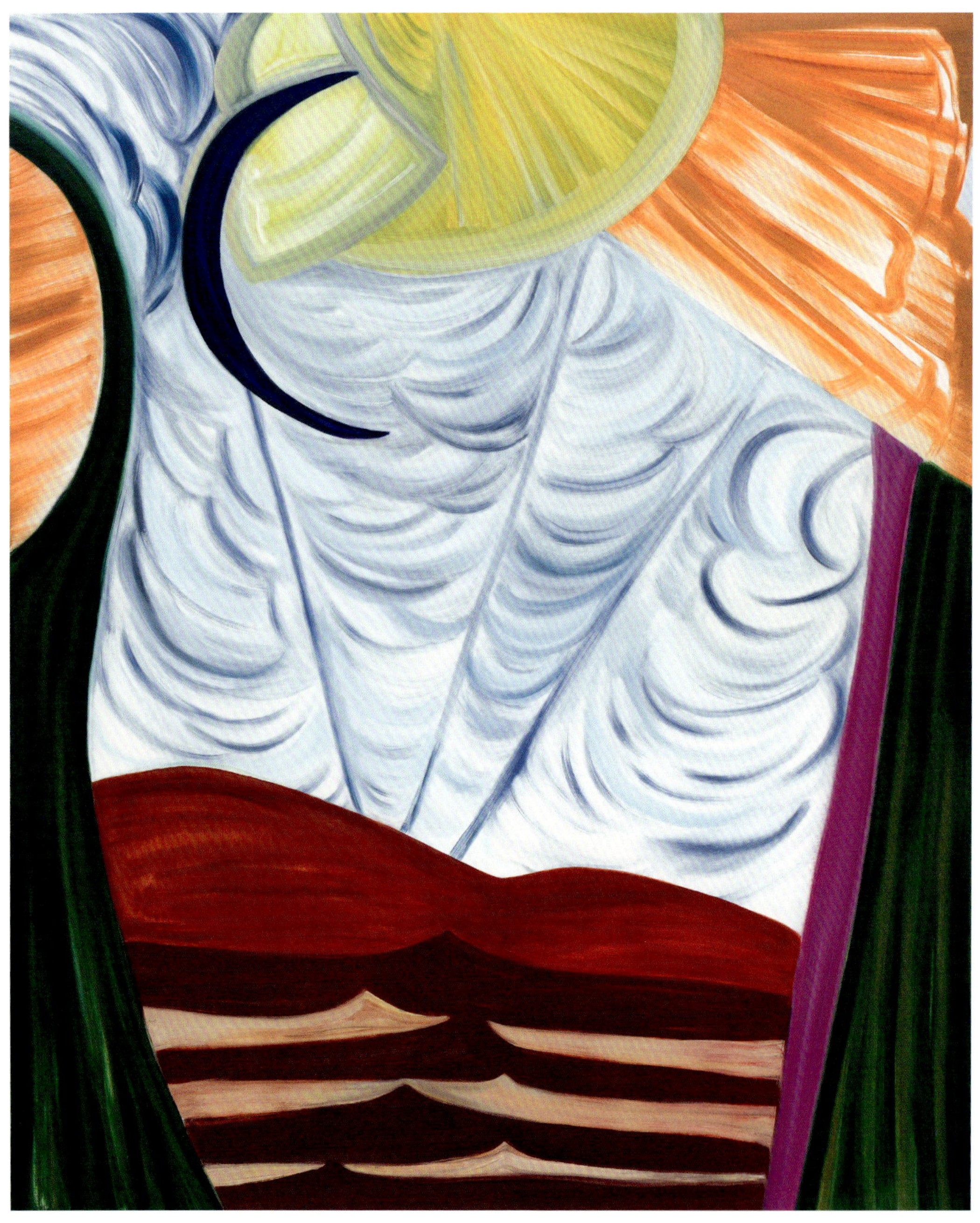

Untitled, 2020. Oil on canvas. 170 × 136 cm

Sem título, 2020. Óleo sobre tela. 170 × 136 cm

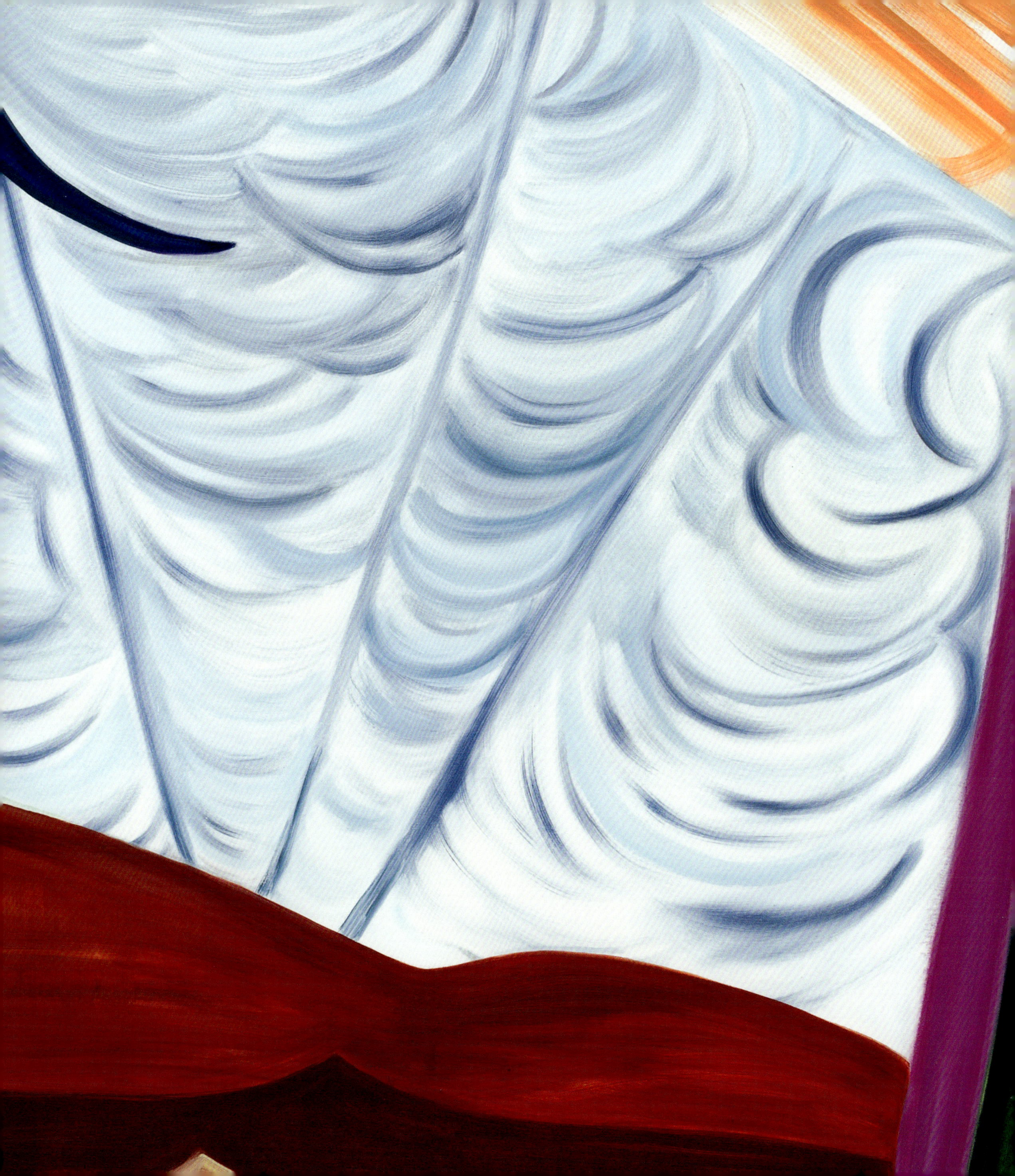

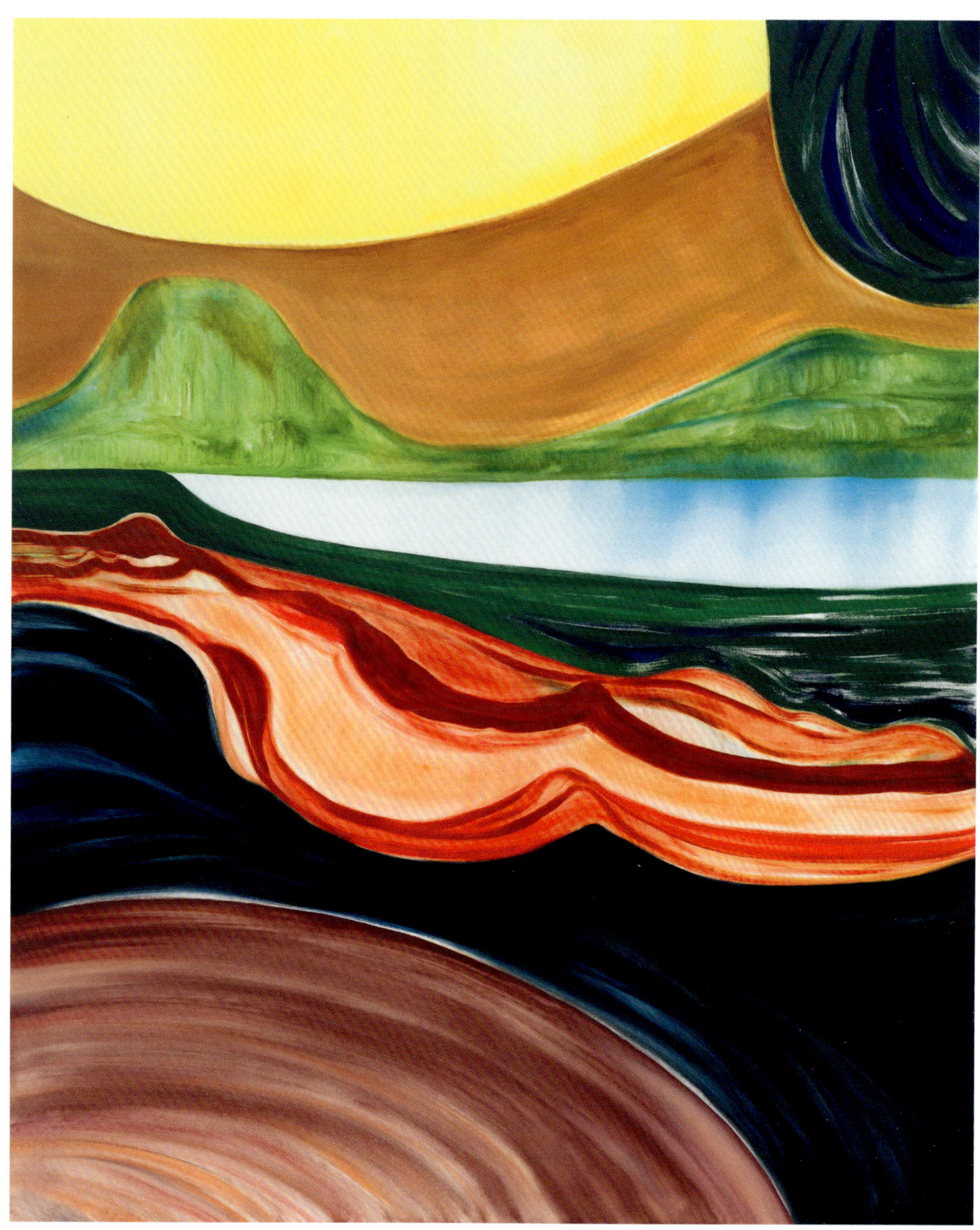

Untitled, 2020. Oil on canvas. 170 × 136 cm

Sem título, 2020. Óleo sobre tela. 170 × 136 cm

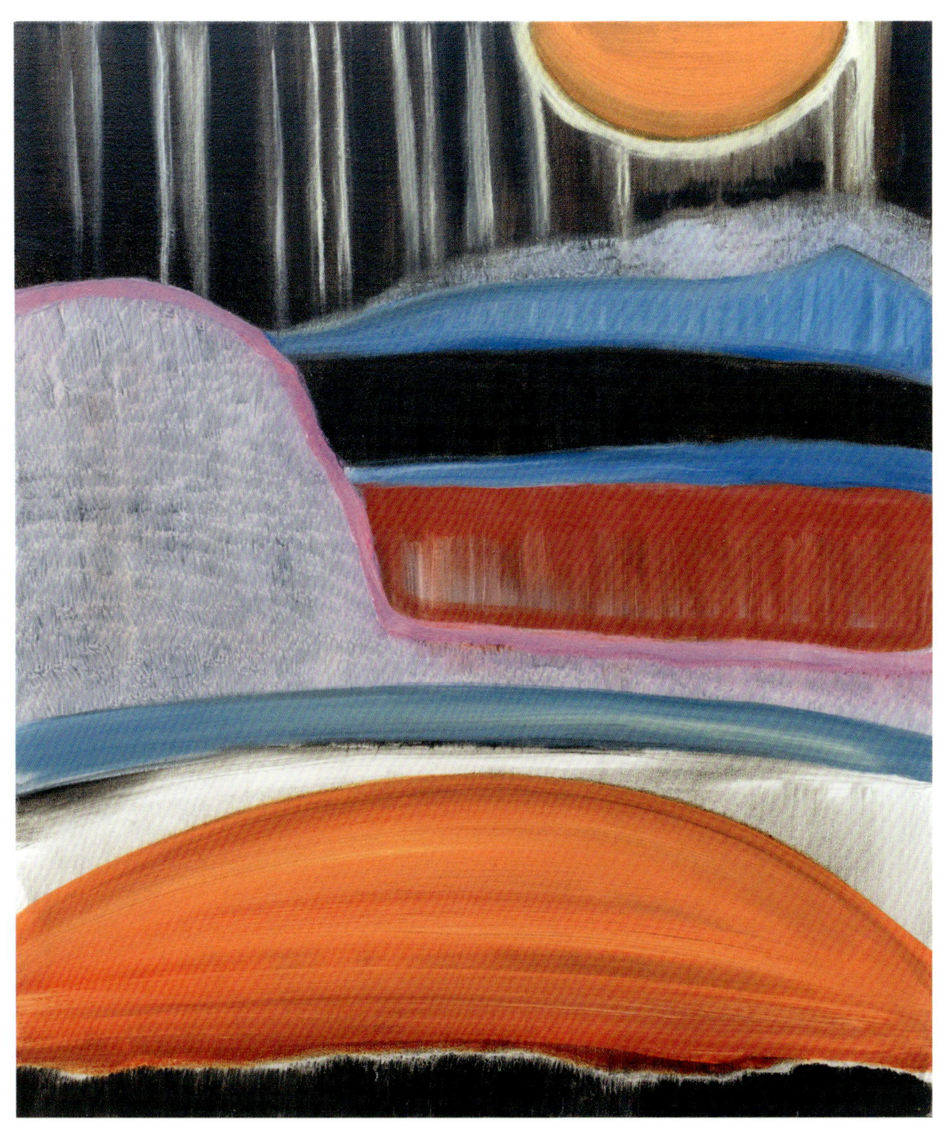

Untitled, 2020. Oil on canvas. 60 × 50 cm

Sem título, 2020. Óleo sobre tela. 60 × 50 cm

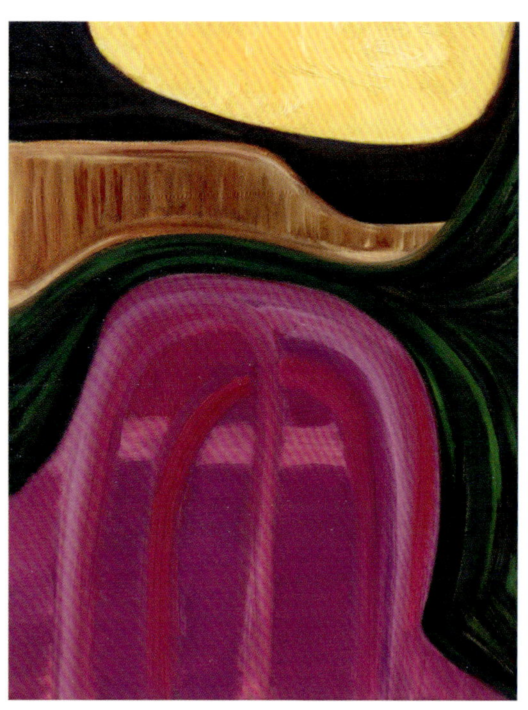

Untitled, 2020. Oil on canvas. 40 × 30 cm

Sem título, 2020. Óleo sobre tela. 40 × 30 cm

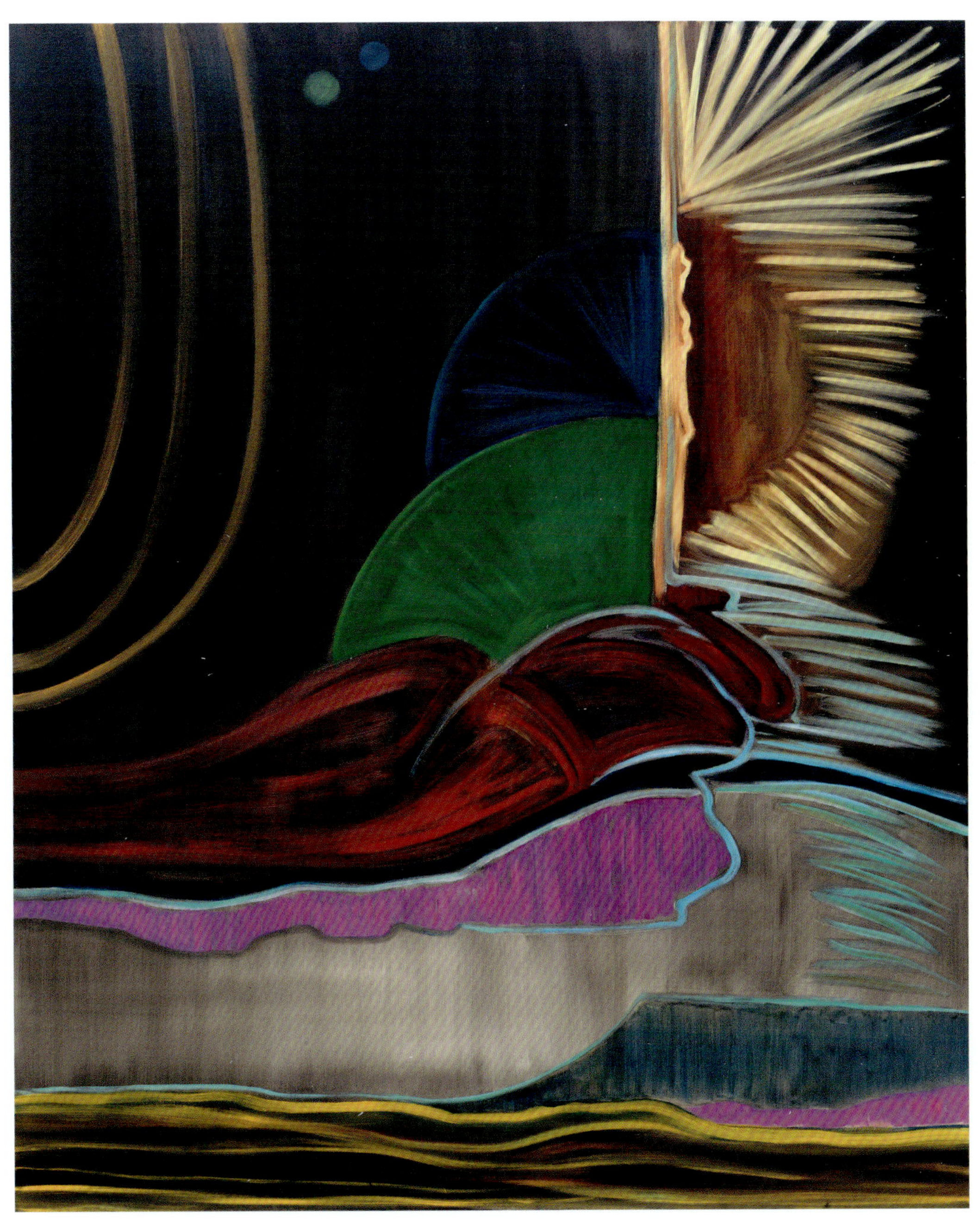

Untitled, 2020. Oil on canvas. 170 × 136 cm

Sem título, 2020. Óleo sobre tela. 170 × 136 cm

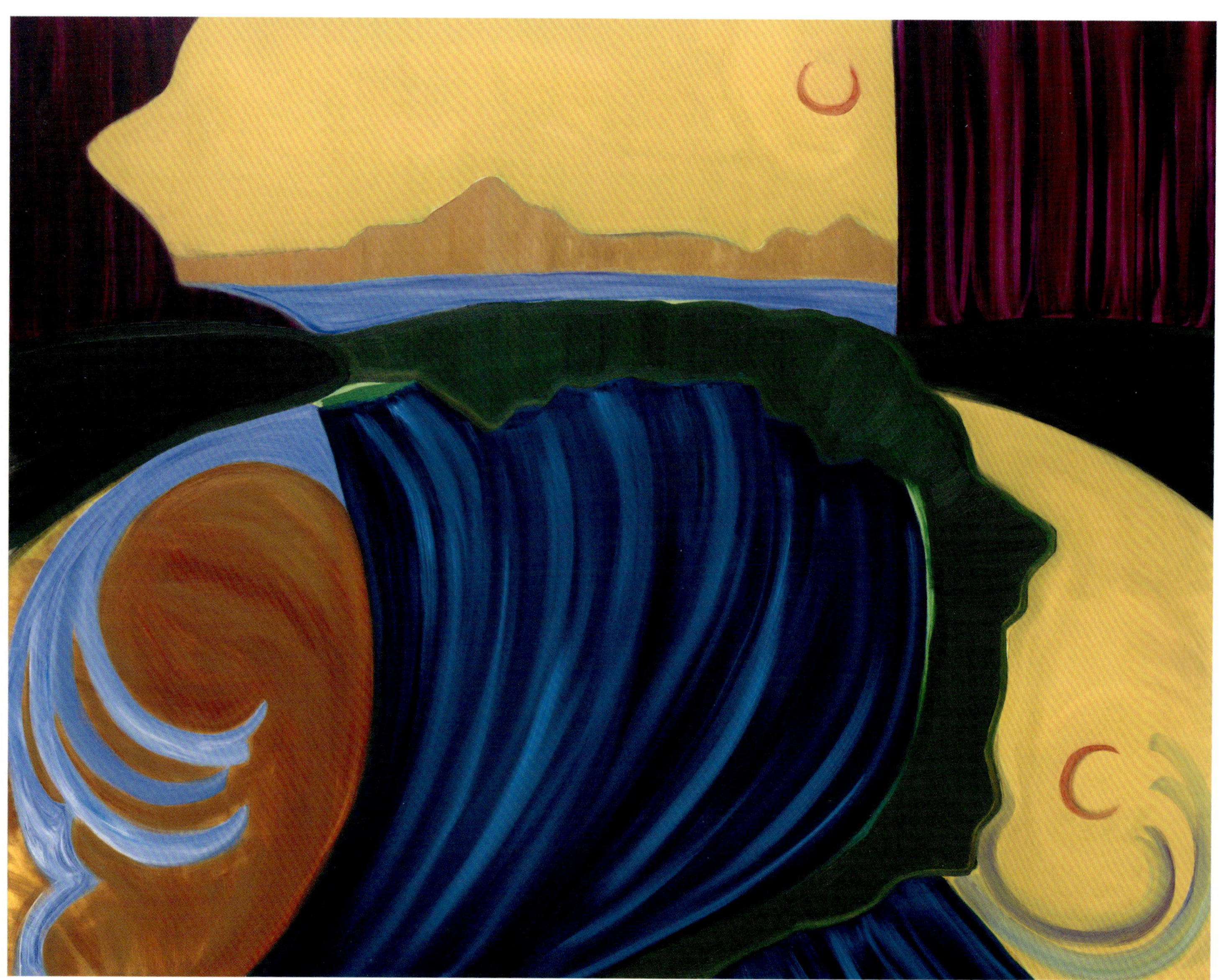

Untitled, 2020. Oil on canvas. 160 × 200 cm

Sem título, 2020. Óleo sobre tela. 160 × 200 cm

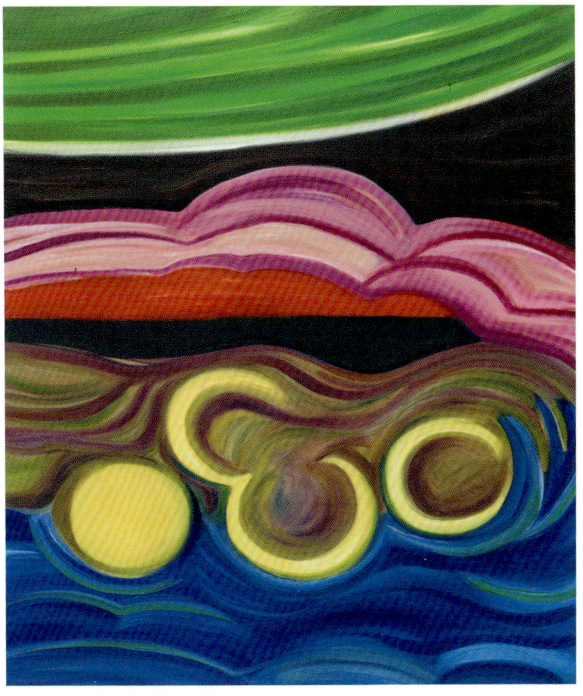

Untitled, 2020. Oil on canvas. 60 × 50 cm

Sem título, 2020. Óleo sobre tela. 60 × 50 cm

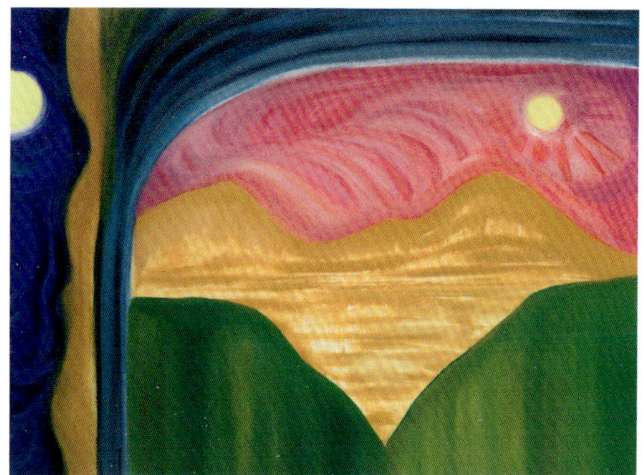

Untitled, 2020. Oil on canvas. 30 × 40 cm

Sem título, 2020. Óleo sobre tela. 30 × 40 cm

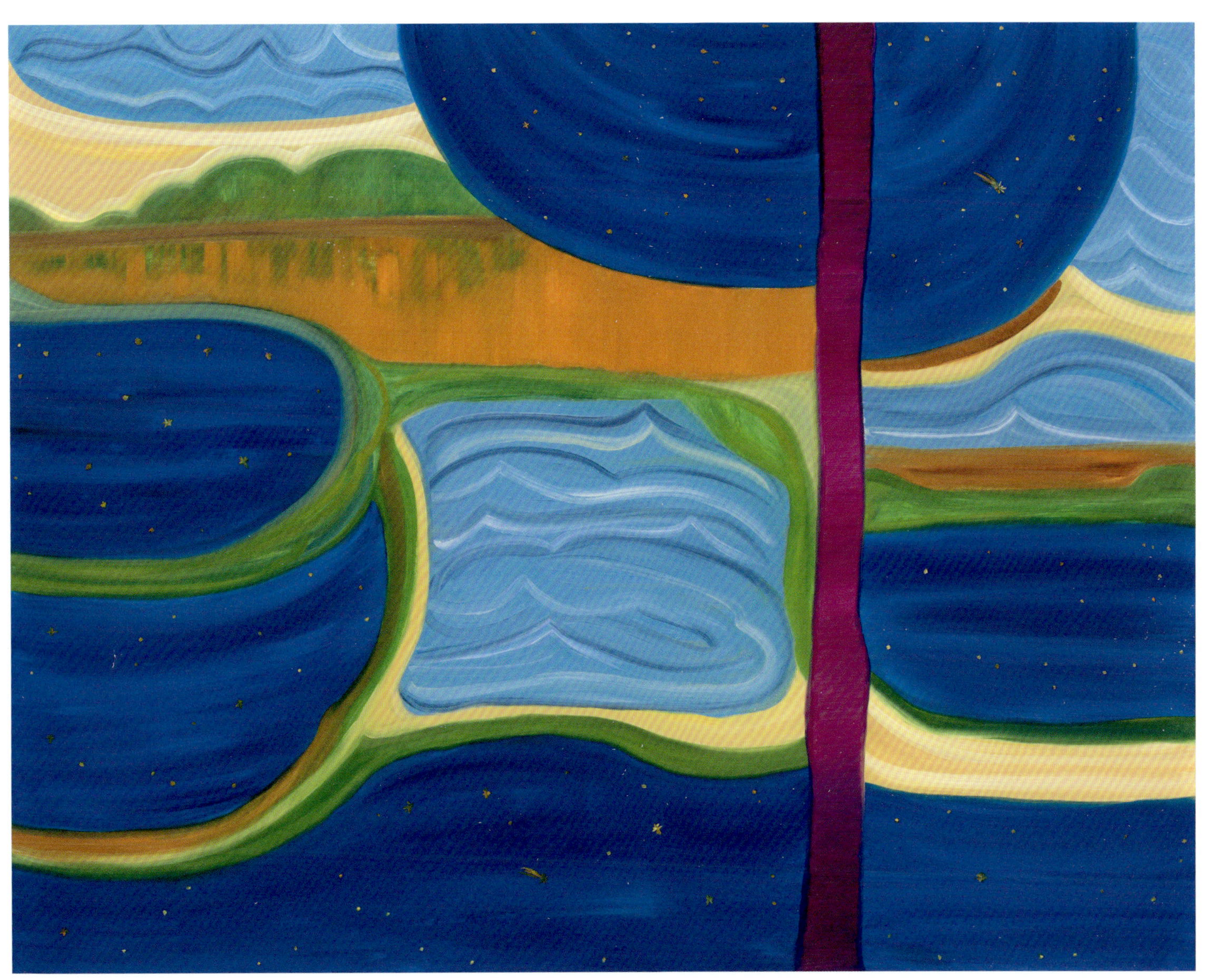

Untitled, 2020. Oil on canvas. 160 × 200 cm

Sem título, 2020. Óleo sobre tela. 160 × 200 cm

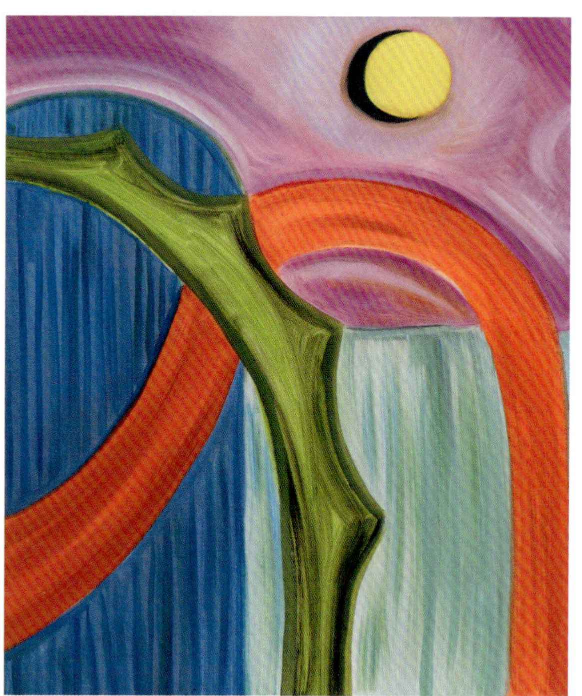

Untitled, 2020. Oil on canvas. 60 × 50 cm

Sem título, 2020. Óleo sobre tela. 60 × 50 cm

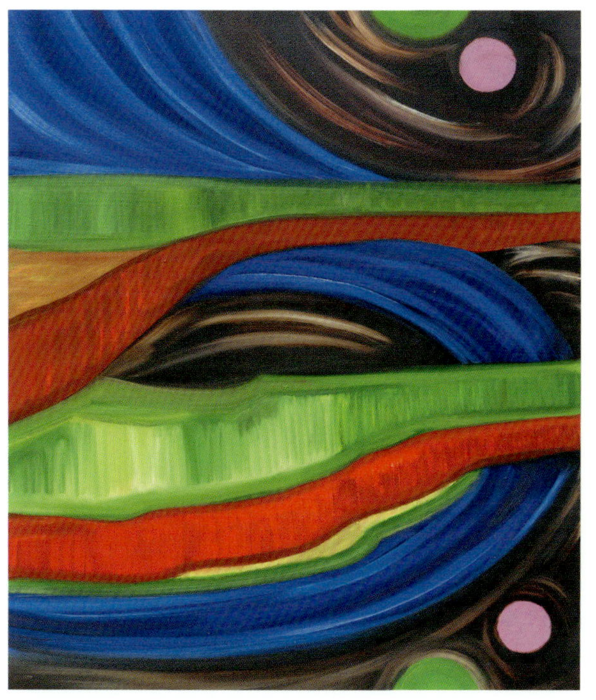

Untitled, 2020. Oil on canvas. 60 × 50 cm

Sem título, 2020. Óleo sobre tela. 60 × 50 cm

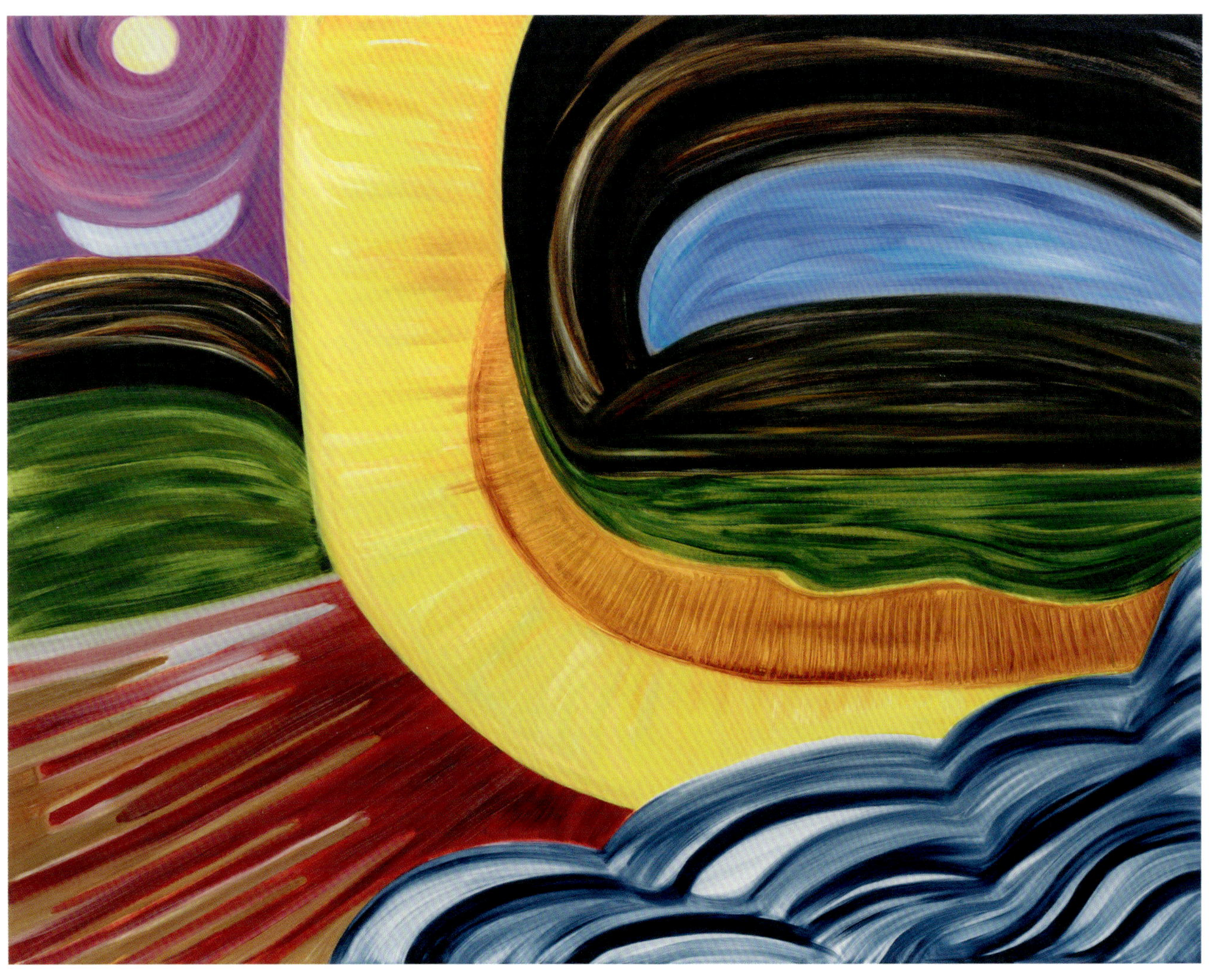

Untitled, 2020. Oil on canvas. 136 × 170 cm

Sem título, 2020. Óleo sobre tela. 136 × 170 cm

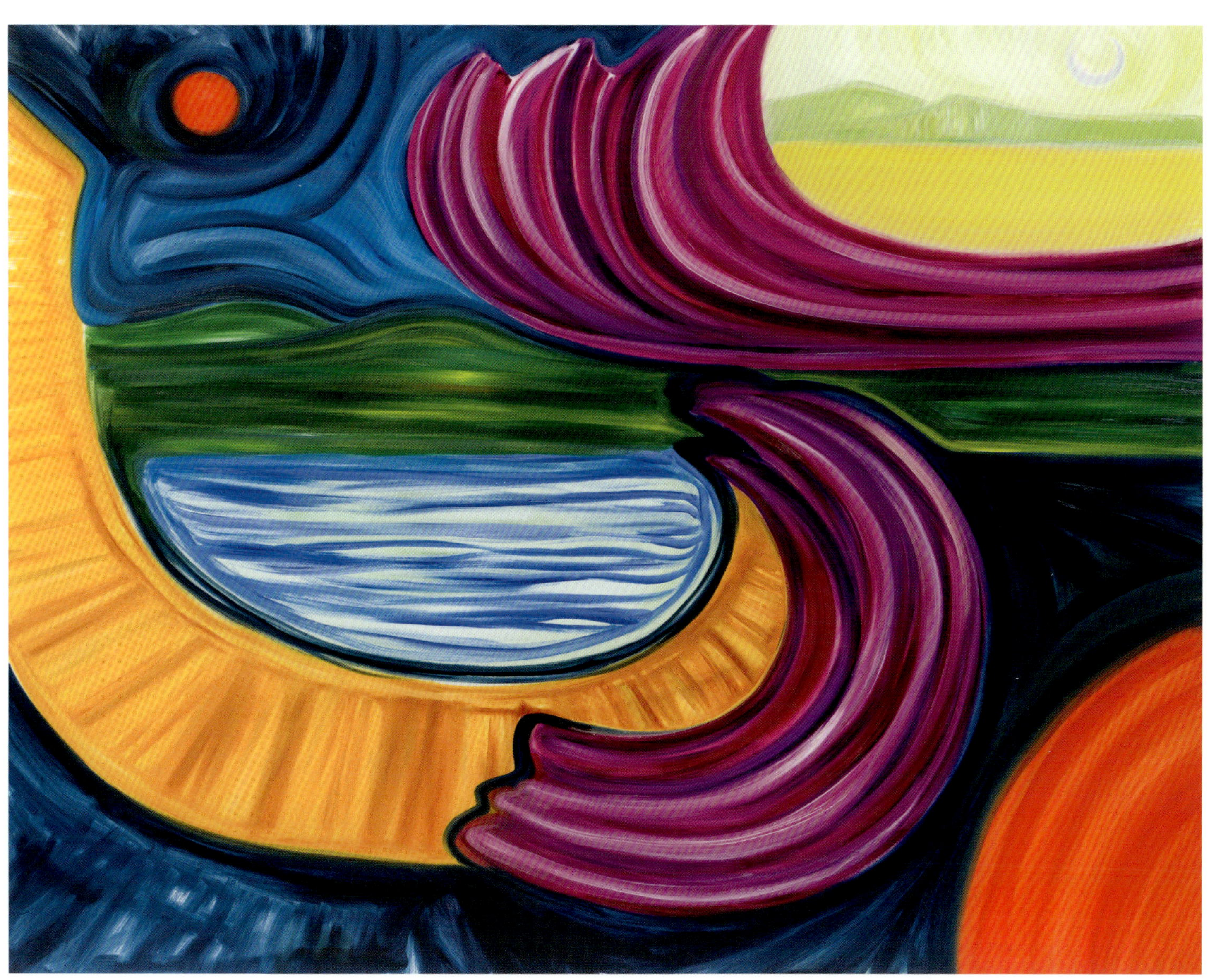

Untitled, 2020. Oil on canvas. 160 × 200 cm

Sem título, 2020. Óleo sobre tela. 160 × 200 cm

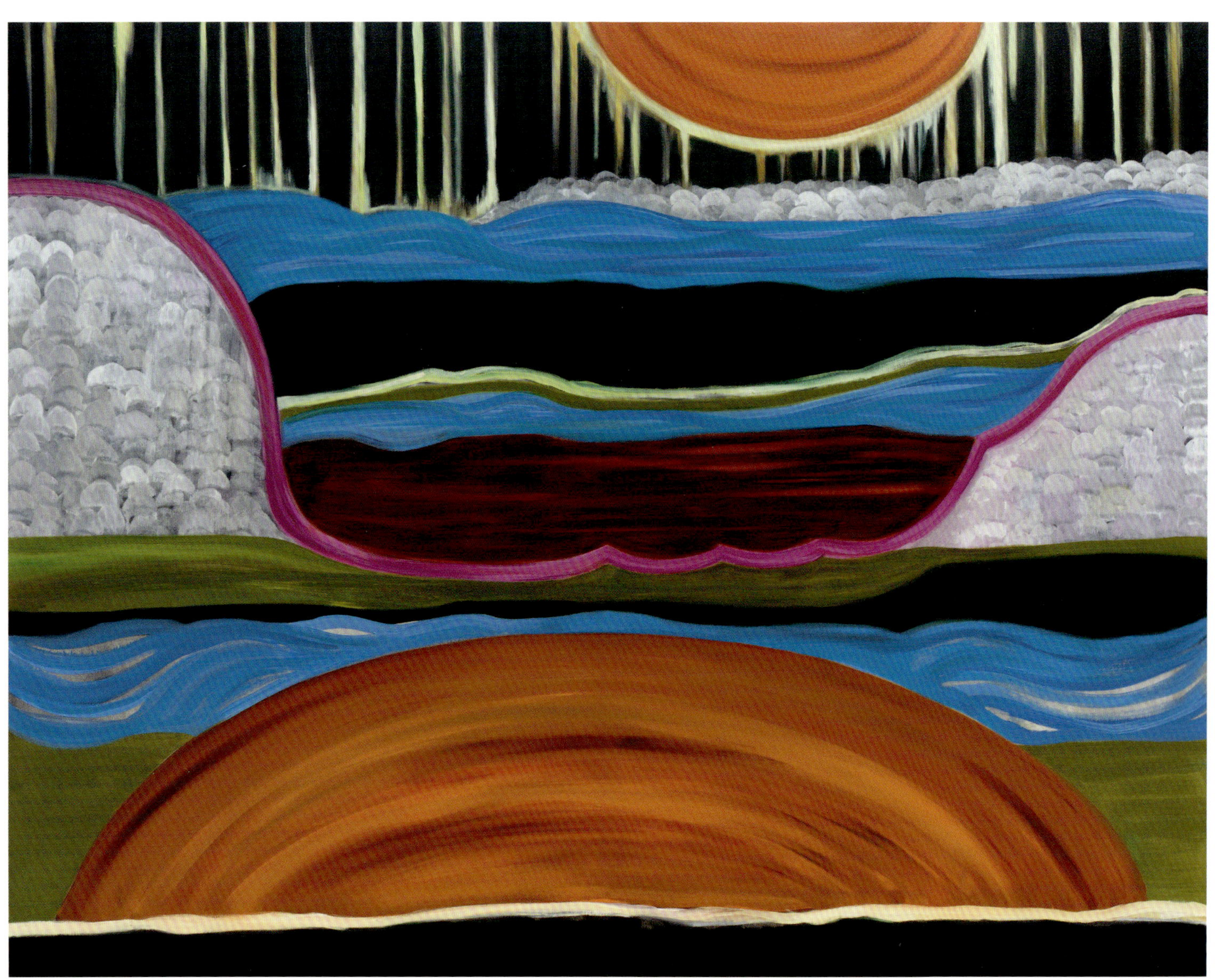

Untitled, 2020. Oil on canvas. 160 × 200 cm

Sem título, 2020. Óleo sobre tela. 160 × 200 cm

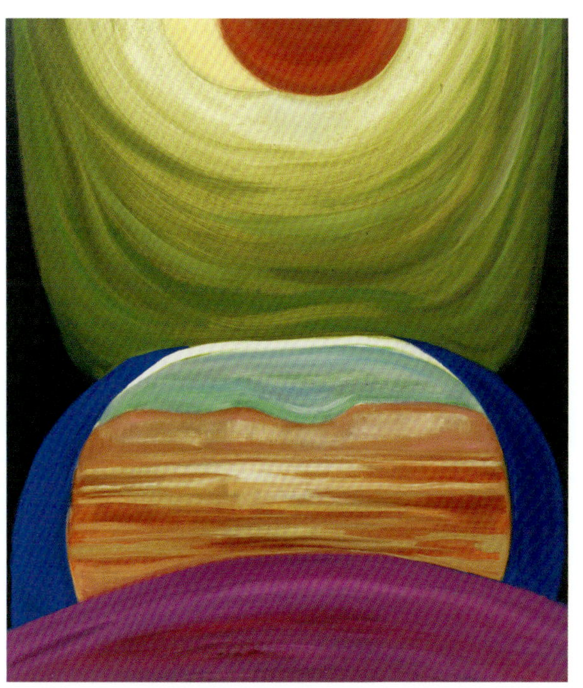

Untitled, 2020. Oil on canvas. 60 × 50 cm

Sem título, 2020. Óleo sobre tela. 60 × 50 cm

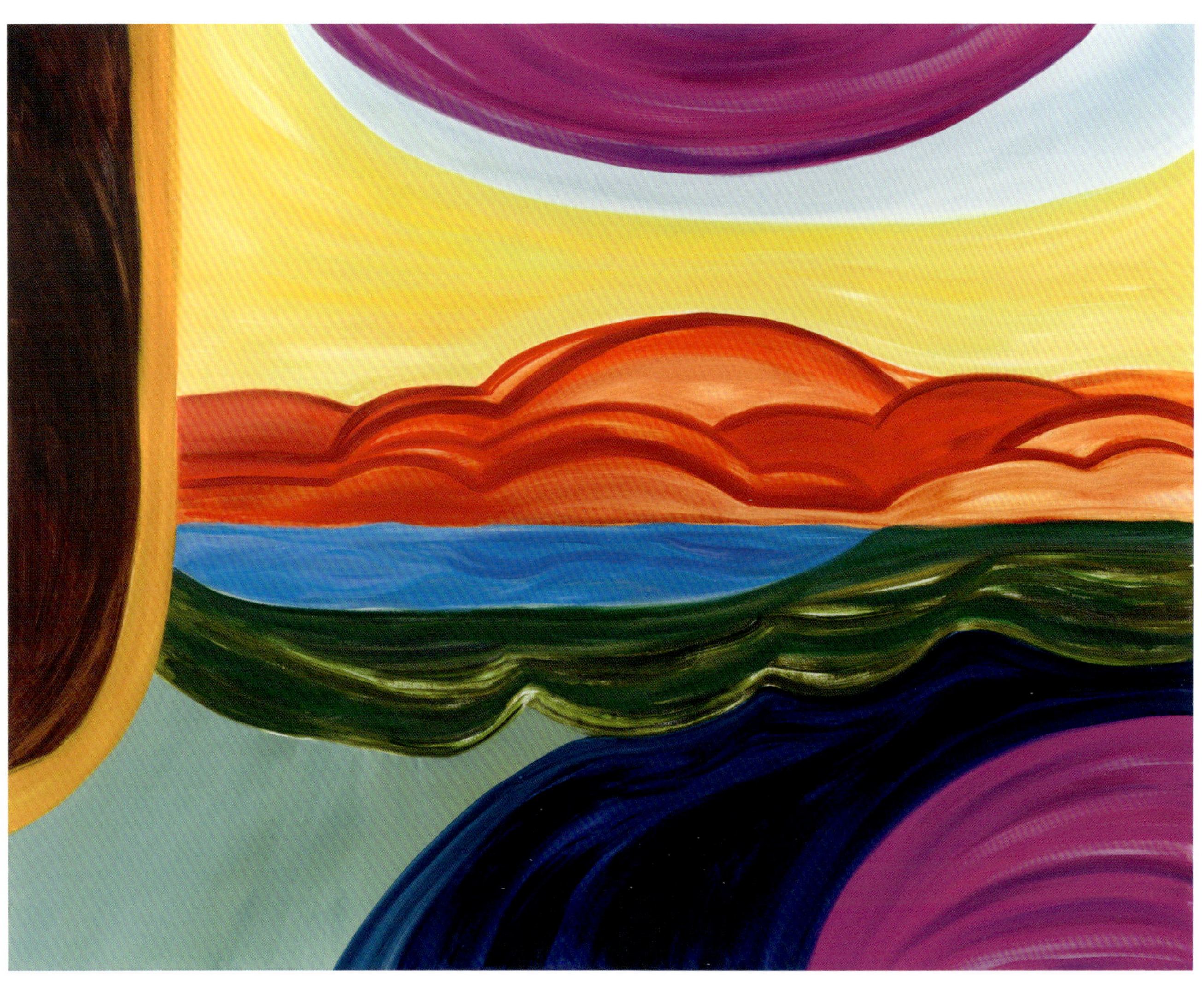

Untitled, 2020. Oil on canvas. 136 × 170 cm

Sem título, 2020. Óleo sobre tela. 136 × 170 cm

Star Sailing: Marina Perez Simão's Recent Work

Diana Campbell

Set Adrift in a Field of Ambivalence

The safest way to bring an idea into the world is to float it. This gives it the freedom to land and take form with the help of others who nurture it, or to dissolve into oblivion, free from the anchors of obligation. Marina Perez Simão's work shatters earthbound limits and sets us adrift on a voyage into universes of ambivalence, where everything floats, freed from the weight of memory and any perceived need to make a judgement or to decide. Her paintings untangle emotions and thoughts that get caught in the tongue-tied inexplicability of our times, creating spaces that evade the clutches of binary thinking. Ambivalence is a field where everything is still possible, and we float over this field not knowing where we are or how the journey ahead might reveal itself, or even when it began or might stop. Simão's work unleashes gravity's reductive grip on our imagination, drawing us into the powerful potentiality of her vulnerable landscapes. Our minds are left free to wander in the myriad paths that open up in her paintings and reach far beyond the limits of the canvas. She takes us to the edge of an abyss with no solid place to step, but with no need to touch the ground.

Simão's paintings evoke forcefields where blues green, with colors becoming verbs, as in *Untitled* (2020) [page 32]. The way the artist uses her brush makes us question whether the moon we perceive as being above is floating in the sky, or below, as a reflection in a pool of liquid. Existence on a sea of ambivalence is not smooth sailing. Our minds go into overdrive trying to work out the dissonance between what we think we know and what we don't yet recognize: that complicated space between faith and doubt. We have to sail over floods of information and emotions that crash like waves and unmoor us every time we reach an impasse where our past assumptions no longer hold. Do those blazing orange asteroids on the top-right corner of *Untitled* speak to the impending death of a world or the birth of life to come? Do they inspire terror or hope? Perhaps both and neither. The asteroids could even be the fingernails of a celestial goddess pulling back the sky. It's up to the viewer to decide.

While alienation goes hand-in-hand with loneliness, distance, and all of the philosophical and political charge provoked by this familiar word, the "alien" also levitates with the thrilling possibility of not being bound to what is known or the codes of conduct imposed on us. While thrilling for the alien, this "freedom" has also enabled some of the most violent chapters of history, such as the Spanish and Portuguese colonization of the Americas, which decimated the Indigenous populations living there. Like any explorer, Simão's practice seeks to probe the unknown; she is driven by a search for surprise, but without any desire to claim or conquer anything. Without romanticizing the horrors of colonization, Simão often cites an observation attributed to Montezuma's scouts as an inspiration for how she articulates the inexplicable in her work. They allegedly perceived the Spanish ships arriving at their shores as floating mountains moving on the sea and the armor-clad conquistadors as visitors from another world. The Brazilian artist and landscape architect Roberto Burle Marx praised the element of "the inexplicable" in his lectures, which allows for creation with impulse and improvisation free of formulas.[1] Another reference point that Simão turns to when thinking about shifting perspective to planes of the unfathomable are the astronauts with NASA insignia floating overhead exploring the wreckage of a devastated culture down below in *Oil,* Isa Genzken's 2007 German Pavilion at the Venice Biennale.

This sense of touching the ineffable is where Simão's work brushes against the limits of abstraction. The abstraction of the charged

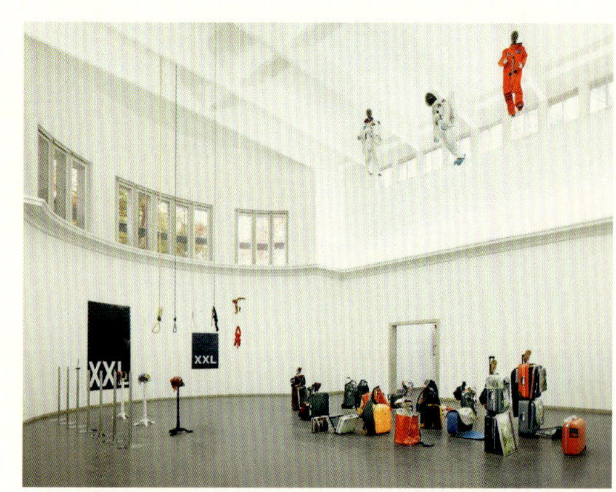

Isa Genzken, *Oil* [Petróleo], 2007

Estrela navegante: O trabalho recente de Marina Perez Simão

Diana Campbell

À deriva em um campo de ambivalência

A maneira mais segura de trazer uma ideia para o mundo é deixá-la flutuar, para que tenha a liberdade de pousar e assumir sua forma com a ajuda de pessoas que a nutram ou a dissolvam em esquecimento, livre das âncoras da obrigação. O trabalho de Marina Perez Simão estilhaça limites terrenos e nos coloca à deriva, em uma viagem para universos de ambivalência, onde tudo flutua, livre do peso da memória e da suposta necessidade de julgamentos ou decisões. Suas pinturas destrinçam emoções e pensamentos presos na inexplicabilidade travada no presente, criando espaços que evadem a garra do pensamento binário. Ambivalência é um campo onde tudo ainda é possível. Nesse campo, flutuamos sem saber onde estamos e como a viagem nos será revelada, sem saber em que ponto ela começou ou terminará. Conforme nos aproximamos do poderoso potencial de suas paisagens vulneráveis, o trabalho de Simão desamarra o nó redutor da nossa imaginação. Nossas mentes ficam livres para perambular na miríade de caminhos que se abre em suas pinturas, alcançando muito além dos limites da tela. A artista nos leva até a beira de um abismo sem lugar sólido para pisar, mas não precisamos tocar o chão.

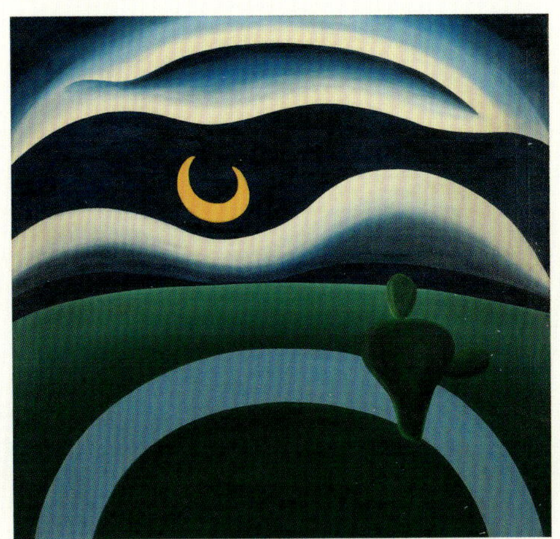

Tarsila do Amaral, *A lua* [The Moon], 1928

As pinturas de Simão evocam campos de força em que os azuis enverdecem e as cores se tornam verbos, como na obra *Sem título* (2020) [página 32]. A forma como a artista usa seu pincel nos faz questionar se a lua que vemos na parte de cima está mesmo flutuando no céu, ou se está embaixo, como reflexo no líquido. Existir em um mar de ambivalência não é tarefa fácil. Nossa mente se sente sobrecarregada, tentando entender a dissonância entre aquilo que achamos que entendemos e aquilo que ainda não reconhecemos. Aquele espaço complicado entre fé e dúvida. Temos que navegar por torrentes de informações e emoções que batem como ondas e nos deixam sem rumo cada vez que encontramos um impasse, quando suposições antigas não mais fazem sentido. Será que esses flamejantes asteroides laranjas, no canto superior direito da *Sem título*, falam da iminente morte do mundo ou do nascimento de uma nova vida? Eles inspiram terror ou esperança? Talvez ambos ou nenhum dos dois. Os asteroides podem ser também as unhas dos dedos de uma deusa celestial que puxa o céu. É o espectador que decide.

Enquanto a "alienação" anda de braços dados com a solidão, com a distância e com toda a carga filosófica e política provocada por essa palavra tão familiar, o "alien" levita com a possibilidade excitante de não estar preso àquilo que é conhecido ou aos códigos de conduta que nos são impostos. Embora excitante para o alien, essa "liberdade" também permitiu os capítulos mais violentos da história, tal como a colonização espanhola e portuguesa das Américas, que dizimou as populações indígenas que ali viviam. Como uma exploradora, a prática de Simão busca sondar o desconhecido. Ela é movida pela busca por surpresas, mas sem o anseio de reivindicar ou conquistar nada. Sem romantizar os horrores da colonização, Simão muitas vezes cita uma observação atribuída aos seguidores de Montezuma, como uma de suas inspirações para articular o inexplicável em sua obra. Diz-se que eles viam os navios espanhóis que se aproximavam do seu litoral como montanhas flutuantes e os conquistadores dotados de armaduras como visitantes de outro mundo. Em suas palestras, o artista e paisagista brasileiro Roberto Burle Marx exaltava o "inexplicável" como aquilo que permite a criação a partir do impulso e da improvisação de fórmulas livres.[1] Outro ponto de referência usado por Simão, quando ela pensa em mudar de perspectiva para o plano do impenetrável, são os astronautas com traje da NASA suspensos no teto, explorando as ruínas de uma cultura devastada, na obra *Oil* [Petróleo] da artista Isa Genzken, exibida no Pavilhão Alemão da Bienal de Veneza, em 2007.

space of misunderstanding and gaps in translation, despite being rife with bloodshed and tragedy, are understood by the artist as tools to provoke new outcomes and portals of potential. Her process is to build up the structure of her paintings in meticulously and mathematically ordered watercolor studies. However, it is the divergence from her plan and the way that a painting evades her control that is key to her letting it leave her studio. In a world where we are supposed to know everything through the touch of a screen, the artist tries to conjure the wonder and awe that comes with experiencing a sense of being that was previously unthinkable. Her paintings open up possibilities for new states of matter beyond known solids, liquids, gases, and plasmas. What colors might suffuse the smoldering gasses of yet-to-be-discovered atmospheres in far-off extraterrestrial landscapes?

Foreign, Alien, Planetary Bodies

Simão's work invokes a sense of the uncanny, something which theorist Nicholas Royle, following Sigmund Freud's classic definition, characterizes as "a peculiar commingling of the familiar and unfamiliar."[2] As journalist Robert Moor characterizes it: "We are comfortable with the familiar, and we are comfortable with the wholly unfamiliar (which we perceive as exotic), but when the two are combined, we begin to feel unstable." The result, Moor writes, is "the experience of oneself *as* a foreign body."[3] This is an experience many of us can relate to when moving across languages and cultures, as Simão has. The artist relates to the Brazilian modernist painter Tarsila do Amaral in the sense that they both discovered their "Brazilianness" while far away from home, studying in Paris. Simão's recent paintings have a deep resonance with Tarsila's 1928 painting *A Lua* [The Moon] in how these richly ambiguous works employ circular forms and multiple horizon lines to bathe us in a fog of moonlight that feels familiar on both sides of the Atlantic.[4]

Distance gives us the opportunity to distill our sense of self and belonging in the world as we process new points of comparison. While living in Brazil, the distance between Minas Gerais (a craggy red-tinted topography of mountains and minerals) and Rio de Janeiro (a hilly lush metropolis butting up against the sea) seemed vast. The closeness of these contexts became apparent to Simão when watching a documentary about Heitor Villa-Lobos, the prolific Brazilian composer who harnessed Brazilian folk music in his classical compositions. While Simão and her work float in the world, she feels grounded in Brazil, a context that for her holds a magnetic pull of reality that becomes a departure point for abstraction into the fantastical. In paintings such as *Untitled* (2020) [page 54] and *Untitled* (2021) [facing page], the red of Minas Gerais and the blue of Rio come together in a whirlpool of energy that feels out-of-this-world; the hardness of the earth liquifies into a muddy state, pregnant with the life-giving potential of primordial clay. Simão draws inspiration from the 1948–1951 *Sueños* [Dreams] series of surrealist collages by the German-Argentine artist Grete Stern, who translated the dreams of Argentine housewives into images that made visible the hidden S.O.S. signals of women lost within their homes and family structures, and published them weekly in the Argentine women's magazine *Idilio*. Stern and Simão's works are both "collages" of experience and projection into worlds beyond those limiting the self.

Floating is a state that connects sky and sea, inner and outer space, dreams and reality. Simão invites us as companions on an astronaut's (or even an alien's) lonely drift in search of new worlds. We've been sailing far and wide into the unknown from our embryonic days. Comparable to floating astronauts tethered to a spacecraft, receiving power and oxygen via an umbilical cable, we float in the darkness of amniotic fluid tethered to the orb of our mother's belly. We enter the world like aliens, thrust into an unknown light, severed from the "mothership" anchoring us. The word *"astronaut"* is derived from the Greek term for "star sailor," and water, moons, stars, and boats feature prominently across Simão's work. She hides boats shaped like crescent moons amid what could be the curve of a wave or the slope of a mountain, obscuring what kind of sailing we might be in for (*Untitled* [2021, page 128] and *Untitled* [2021, page 125]).

Simão seeks to visualize the energy of skipping stones in her work, exposing the power of a fleeting moment as it lingers on in the form of expanding ripples. The artist's recent work has an intense and charged sense of movement, particularly when it comes to capturing light through layering, visualizing the invisible currents of energy and electricity. Like lightning, her flashes of lines are unpredictable and

Esse sentido de tocar o inefável é o que faz o trabalho de Simão esbarrar nos limites da abstração. Embora impregnado de sangue e tragédia, a abstração do carregado espaço de desentendimentos e erros de tradução é entendida pela artista como uma ferramenta para provocar novas conclusões e portais para outros potenciais. Seu processo é construir a estrutura de suas pinturas com estudos em aquarela ordenadamente meticulosos e matemáticos. No entanto, é o desvio do plano, bem como a forma como a pintura evade o seu controle, que determina quando um trabalho está pronto para deixar o estúdio. Em um mundo onde a expectativa é que saibamos tudo ao clicar em uma tela, a artista invoca o fascínio e o assombro que surgem quando vivenciamos um sentido de ser que era antes impensável. Suas pinturas abrem possibilidades para novos estados materiais que vão além do sólido, líquido, gasoso ou plasmático. Que cores serão capazes de dissipar os gases fumegantes de atmosferas que ainda estão por serem descobertas em distantes paisagens extraterrestres?

Corpos estranhos, alienígenas e planetários

O trabalho de Simão invoca o conceito de *unheimlich*, algo que o teórico Nicholas Royle, dando seguimento à clássica definição de Sigmund Freud, caracteriza como "um misto peculiar entre o familiar e o não familiar".[2] Conforme a definição do jornalista Robert Moor, "nós nos sentimos confortáveis com o familiar e também com o totalmente não familiar (que vemos como exótico), mas quando os dois se combinam, começamos a nos sentir instáveis. O resultado é uma experiência do eu como um corpo estranho."[3] Essa é uma experiência que muitos de nós já vivenciamos quando mudamos de língua ou cultura, assim como fez Simão. Nesse sentido, há uma relação entre o trabalho de Simão e o da pintora modernista brasileira Tarsila do Amaral. Ambas descobriram sua "brasilidade" quando estavam longe de casa, estudando em Paris. As pinturas recentes de Simão têm um vínculo forte com *A Lua,* de 1928. As duas pintoras empregam, com rica ambiguidade, formas circulares e múltiplas linhas do horizonte para nos fazer mergulhar em uma neblina de brilho lunar que parece familiar em ambos os lados do Atlântico.[4]

A distância nos permite destilar nosso sentido de ser e pertencer neste mundo, conforme processamos novos pontos de comparação. No Brasil, a distância entre Minas Gerais (com sua topografia avermelhada carregada de montanhas e minerais) e Rio de Janeiro (com seus morros verdejantes apertando a metrópole contra o mar) era sentida pela artista como algo vasto. No entanto, a aproximação desses dois contextos se tornou aparente quando Simão assistiu a um documentário sobre Heitor Villa-Lobos, o prolífico compositor brasileiro que usava música popular brasileira em suas composições clássicas. Embora Simão e sua obra flutuem no mundo, ela se sente enraizada no Brasil, um contexto que, para a artista, é imbuído da força magnética do real, que se torna um ponto de partida para a abstração em direção ao fantástico. Em pinturas como *Sem título* (2020) [página 55] e *Sem título* (2021) [abaixo], o vermelho de Minas Gerais e o azul do Rio de Janeiro se unem num redemoinho de energia que parece ser de outro mundo. A dureza da terra se liquefaz em lama, impregnada do potencial criador do barro primordial. Simão busca inspiração em *Sueños* [Sonhos] (1948–1951), uma série de colagens surrealistas da artista teuto-argentina Grete Stern, que traduzia sonhos de donas de casa argentinas em imagens que tornavam visível os sinais de SOS dessas mulheres perdidas em seus lares e estruturas familiares. As imagens eram publicadas semanalmente na revista feminina *Idilio*. Tanto os trabalhos de Stern quanto os de Simão são "colagens" de experiências e projeções para mundos além daqueles que impõem limites ao ser.

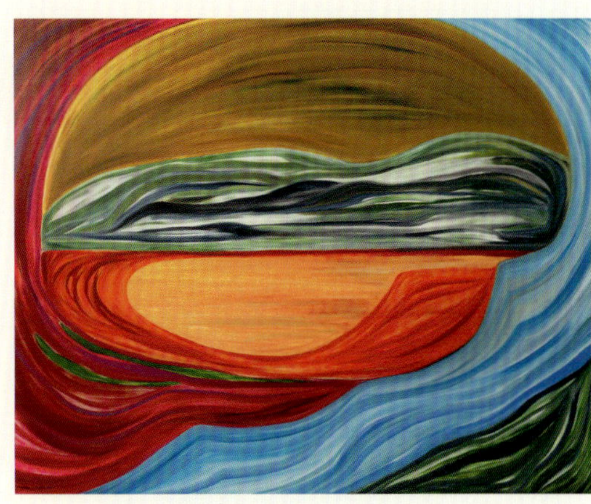

Untitled [Sem título], 2021.
Oil on canvas [óleo sobre tela]. 200 × 240 cm

link the heavens and the ground in unexpected ways. We can almost feel the force of solar winds creating drawings in the sky as well as on the surfaces of surging astral seas flowing across her paintings (see *Untitled* [2020, page 28]; *Untitled* [2021, page 116]; and *Untitled* [2021, page 123]). She cites the Abstract Expressionist painter Lee Krasner as a reference in the sense of how her sweeping brushstrokes radiate energy out of the painting and into the space of the viewer, pulsing with a strong inner rhythm.

Simão is fascinated by the possibility of experiencing both day and night at the same time, such as when astronauts see lustrous levitating orbs emerging like islands from a pitch-black sky. Many of her paintings include multiple suns and moons on the same plane and expand with countless horizon lines that dissolve the twilight zone – that moving line that divides the warm daylight and the cold dark night of a planetary body. The word *planet* means "wandering celestial body," and Simão reminds us that our human bodies also swing among the sun, moon, and stars.[5] She references astrology in her work and life, a practice that links our life journey from the precise time and place that we came into the world to the wider movement of the planets. "Movement comes from a lack of equilibrium," shares Simão, "otherwise, things stay fixed," and she works to eject the stasis of equilibrium from her work through a highly physical practice of painting that extends her body to its limits.[6] Reflecting her obsession with how we perceive planets and how planets perceive us, Simão tends to paint from above, hovering over floor-bound canvases, allowing gravity to come in as a collaborator. She frees the canvas from any sense of fixed orientation, at times even inverting the original alignment of a work. Simão saw her painting process as enabling her to maintain an illusion of freedom while she and the world were in a state of pandemic-imposed confinement. In her latest body of work, building on her early dance training and inspired by the leap of faith of astronauts, the artist pushes back against the bounds of her body by physically stretching just beyond her comfortable field of reach, extending the orbit of her energy past what she previously imagined possible (*Untitled* [2021, below]).

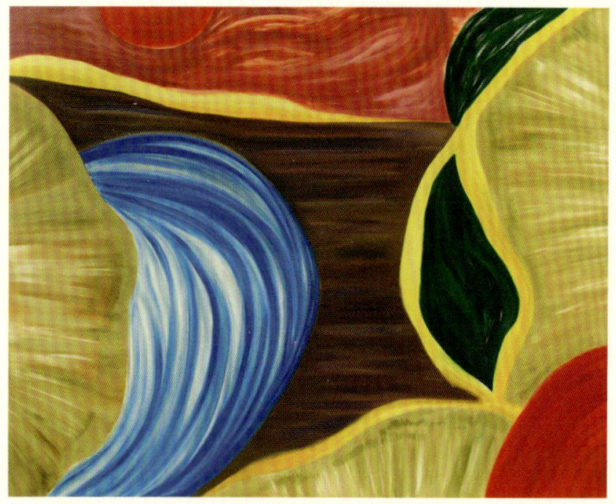

Untitled [Sem título], 2021.
Oil on canvas [óleo sobre tela]. 200 × 246.5 cm

Painting is sensorial. You feel it with all of the other senses through the power of memory, even with the tip of the tongue as we try to express our feelings in language. While most of her works are untitled, many of her exhibitions have literary references. Most recently she took the words of French poet Arthur Rimbaud, Brazilian poet Hilda Hilst, and Brazilian writer João Guimarães Rosa as company on her artistic journey. However, Simão is also interested in the space before and after history, as marked by the advent of writing. Simão was inspired by her early seminars on drawing in Belo Horizonte, where she learned about *arte rupestre* (early cave painting). Some of our earliest ancestors speak to us about their world through drawing and painting. Many of these paintings are so big that they cannot be seen at once, and they were created across multiple generations under the illumination of fire, so only certain sections were visible at any given time. Simão connects with the idea of drawing as a means of trying to grasp what we don't understand, and as part of the quest to piece together flashes of illuminated knowledge and experience. She repeated the same composition class twice in Paris, where she was tasked with reproducing Peter Paul Rubens's seventeenth-century painting *The Exchange of Princesses* using

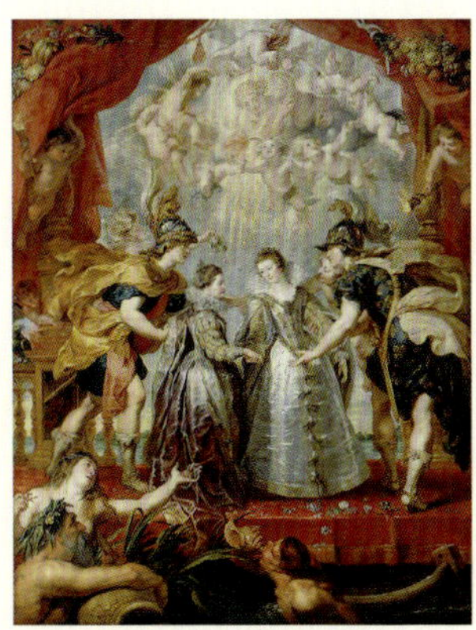

Peter Paul Rubens,
The Exchange of Princesses at the Spanish Border
[A troca de princesas na fronteira espanhola],
1622–1625

Flutuar é um estado que conecta o céu e o mar, o espaço interior e o espaço exterior, o sonho e a realidade. Simão nos convida a acompanhar um astronauta (ou talvez um alienígena) à deriva em busca de novos mundos. Desde os nossos dias de embrião, navegamos na vastidão do desconhecido. Como astronautas flutuantes conectados a uma nave espacial, recebendo energia e oxigênio por um cabo umbilical, nós flutuamos na escuridão do líquido amniótico conectados à esfera do ventre materno. Entramos no mundo como alienígenas, atirados na luz do desconhecido, separados da "nave mãe" que nos ancora. A palavra "astronauta" vem do termo grego "marinheiro das estrelas". Fontes d'água, luas, estrelas e barcos são recorrentes na obra de Simão. A artista esconde barcos na forma de lua crescente naquilo que poderia ser a curva de uma onda ou a encosta de uma montanha, que oculta o tipo de viagem na qual estamos embarcando (*Sem título* [2021, página 128] e *Sem título* [2021, página 125]).

Em seu trabalho, Simão busca visualizar as pedras que pulam na superfície da água, expondo o poder de um momento efêmero que persiste em ondulações que se expandem. O trabalho recente da artista tem um sentido de movimento intenso e carregado, principalmente no que diz respeito à captação da luz em camadas ou à visualização de correntes invisíveis de energia e eletricidade. Como um relâmpago, seus lampejos de linhas são imprevisíveis e conectam o céu e a terra de modos inesperados. Podemos quase sentir a força dos ventos solares criando desenhos no céu, bem como nas superfícies de mares astrais ascendentes, que passam flutuando pelas suas pinturas (ver *Sem título* [2020, página 28]; *Sem título* [2021, página 116]; e *Sem título* [2021, página 123]). Ela cita a pintora abstrato-impressionista Lee Krasner como uma referência para a forma como as suas amplas pinceladas radiam energia para fora da pintura e também para o espaço do espectador, pulsando como um potente ritmo interior.

Simão é fascinada pela possibilidade de vivenciar o dia e a noite de maneira simultânea, tal como quando os astronautas veem esferas suspensas e reluzentes emergindo como ilhas no breu celestial. Muitas de suas pinturas incluem vários sóis e luas no mesmo plano e se expandem em inúmeras linhas do horizonte que se dissolvem na penumbra – aquela linha em movimento que divide a luz quente do dia e a escura e fria noite de um corpo planetário. A palavra "planeta" significa "corpo celestial perambulante". Simão nos relembra que nossos corpos também balançam entre o sol, a lua e as estrelas.[5] Ela faz referência à astrologia em sua vida e em seu trabalho, uma prática que vincula o movimento dos planetas e a nossa jornada de vida a partir do momento e do lugar precisos em que chegamos ao mundo. "Todo movimento deriva de uma falta de equilíbrio", diz Simão, "senão as coisas ficariam paradas". Seu trabalho é uma tentativa de desestabilizar a inércia do equilíbrio por meio de uma pintura composta de fisicalidade, em que a artista estende seu corpo até o limite.[6] Refletindo sobre uma de suas obsessões: como percebemos os planetas e como os planetas nos percebem, Simão tende a pintar de cima, pairando sobre suas telas no chão, permitindo, assim, que a gravidade seja sua colaboradora. Ela exime a tela de qualquer sentido de orientação fixa. Às vezes, até inverte o alinhamento original de um trabalho. Para enfrentar o confinamento imposto pela pandemia, Simão assumiu seu processo de pintura como uma forma de manter uma ilusão de liberdade. Em seus últimos trabalhos, aproveitando sua formação de dançarina e inspirada pelo salto de fé dos astronautas, a artista desafiou as limitações do seu corpo indo além de onde ele confortavelmente alcança, estendendo a órbita da sua energia para além do que imaginava ser possível antes (*Sem título* [2021, à esquerda]).

A pintura é sensorial. O poder da memória faz com que sintamos uma pintura com todos os sentidos, até mesmo com a ponta da nossa língua, quando tentamos expressar nossos sentimentos por meio da linguagem. Embora a maioria de seus trabalhos seja sem título, muitas de suas exposições são acompanhadas de referências literárias. Recentemente, ela tomou emprestadas palavras do poeta francês Arthur Rimbaud, da poeta brasileira Hilda Hilst e do escritor brasileiro João Guimarães Rosa como companhia em sua jornada artística. Simão também está interessada no espaço antes e depois da história, cujo início é marcado pela descoberta da escrita. Simão tira inspiração de suas primeiras

pencil and paper, over and over again, for two years. Far from bored, she discovered something new in the painting every time she approached it, and appreciated that eyes can travel forever, connecting her experience with Rubens in Paris to her earlier lessons on arte rupestre in Brazil.

Memories are our portal to the past from the observation deck of the present. Cultural historian Walter J. Ong posits writing as the invention that moved us from a world of sound to one of sight.[7] The word that connotes the beginning of the universe is sonic: [the big] bang. The voice and music of Stevie Wonder, one of Simão's favorite musicians, allows us to experience inner visions with senses beyond the one he was born without: sight. In a world before writing, oral tradition was a form of time travel allowing information to move into the unimaginable worlds of future generations. Tongue twisters, rhyme, rhythm, movement, proverbs, lyrics, and sayings are patterns of recall that string sounds and knowledge together in both aural and oral cultures in an additive process, working with aggregates to emblazon words and their meaning in our memories. Simão studied guitar for six years and, like Villa-Lobos, who used the motif of the *ciranda* (a Brazilian children's singing game) in his compositions, Simão's lyrical works hold us with the power of recall. She tries to achieve the circular movement found in the compositions of Villa-Lobos and Claude Debussy in her work.

Like Paul Klee, who sought to improvise freely with a keyboard of colors, Simão starts with practically nothing on the surface of her works, building in small traces that add a sense of rhythm, and later following this rhythm by moving her arms across her canvases through her bold, colorful, and percussive brushstrokes. Simão describes the relationship between her paintings as one of "rhyming," and the rhythms, cadences, and varying intensities found in her paintings allow them to rise, fall, slip, slide, and collide into each other as worlds meet. We connect to the universe through frequencies and vibration. Rhymes connect worlds through sound, not through reason. Rhymes have absolutely no obligation to "make sense," but they stay deep in our neural pathways as formative routes to learning how to express oneself in language. Rhymes ease the arduousness of a long journey by inviting us to play along the way.

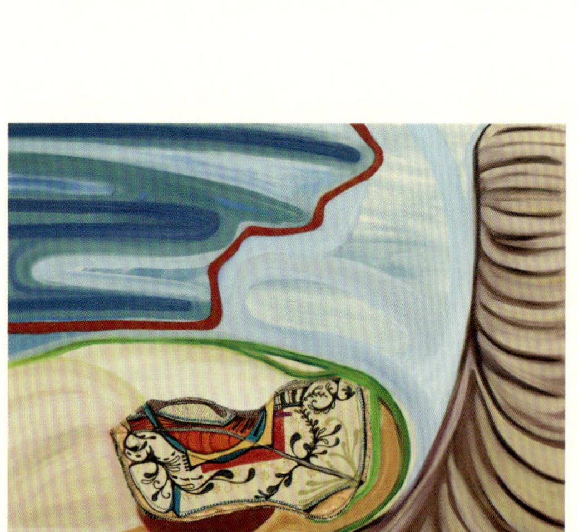

Marina Perez Simão and Sonia Gomes, *Untitled* [Sem título], 2021. Oil on canvas [óleo sobre tela]. 200 × 240 cm

Children draw and rhyme before they come close to mastering (written) language. In making her work, Simão harnesses the creative potential of methods of early learning that foreground play. As a child, she used to play games where she would close her eyes and draw her inner visions, visualizing the colors and stars that would appear as her closed eyes reacted to the sensations of light around her. The space of play is one where myth and reality can be simultaneously intertwined in our perception of the world. It is only when someone alerts us that playtime is over that the spell of another world is broken, when our magic wands turn back into sticks. Simão is interested in the space between the term *make-believe* (that magical space of play, imagination, and daydreams) and the more assertive, and often violent, phrase "to make believe" (to inspire, or force someone to believe something). During the pandemic Simão and her friend, the Brazilian artist Sonia Gomes, began a game of creating artworks together through a playful, rhyming process of exchange where Simão would paint and Gomes would sew and embroider, passing works in progress back and forth until both artists mutually agreed that the work was done. Sewing, embroidering, and weaving are forms of mark-making, like drawing is. They are also vehicles to carry stories across generations. Languages change,

aulas de desenho em Belo Horizonte, quando aprendeu sobre arte rupestre. Alguns dos nossos mais antigos ancestrais falam conosco por meio de desenhos e pinturas. Muitas dessas pinturas são tão grandes que não podem ser vistas de uma só vez. Elas foram criadas ao longo de várias gerações, tendo o fogo como iluminação, portanto somente algumas seções eram visíveis em determinados períodos. Simão se conecta com a ideia do desenho como uma forma de tentar compreender aquilo que não entendemos e como parte de uma busca que tenta ligar os pontos do conhecimento iluminado e a sua experiência. Estudando em Paris, ela cursou a mesma aula de composição duas vezes, na qual a tarefa era reproduzir a pintura do século XVII, *A troca das princesas,* de Peter Paul Rubens, usando lápis e papel, várias vezes, durante dois anos. Muito longe de se sentir entediada, cada vez que ela copiou a pintura, ela descobriu alguma coisa nova e entendeu que a viagem que os nossos olhos fazem não tem limites, ligando a sua experiência com a obra de Rubens, em Paris, com as suas aulas de pintura rupestre, no Brasil.

Memórias são o nosso portal para o passado, a partir do posto de observação do presente. O historiador da cultura Walter J. Ong defende que a escrita foi a descoberta que nos levou do mundo do som ao mundo da visão.[7] A palavra que expressa o começo do universo é sônica: o *big* (grande) *bang* (som de explosão). A voz e a música de Stevie Wonder, um dos músicos favoritos de Simão, permite-nos experimentar imagens interiores usando outros sentidos que não aquele com o qual ele nasceu sem: a visão. Em um mundo anterior à escrita, a tradição oral era uma forma de viajar no tempo, permitindo que informações chegassem até os mundos inimagináveis de gerações futuras. Trava-línguas, rimas, ritmos, movimentos, provérbios, letras de canções e dizeres são padrões de recordação que encadeiam sons e conhecimentos tanto na cultura auditiva quanto oral em um processo aditivo que funciona como uma forma de agregar e gravar as palavras e os seus significados em nossas memórias. Simão estudou violão por seis anos e, como Villa-Lobos, que usava a ciranda (jogo de cantiga infantil) em suas composições, os trabalhos líricos de Simão fazem com que nos apeguemos ao poder da recordação. Em seu trabalho, ela tenta alcançar o movimento circular que encontramos em Villa-Lobos e Debussy.

Como Paul Klee, que buscava improvisar de forma livre usando um teclado de cores, Simão começa com, praticamente, nada na superfície de suas pinturas, acrescentando pequenos traços que agregam uma ideia de ritmo, que ela segue por meio do movimento de seus braços pela tela com pinceladas arrojadas, coloridas e percussivas. Simão descreve a relação entre suas pinturas como uma questão de rima. Os ritmos, as cadências e as várias intensidades encontradas em suas pinturas permitem que elas ascendam, caiam, escorreguem, deslizem e colidam umas com as outras conforme os seus mundos se encontram. Somos conectados ao universo através de frequências e vibrações. As rimas conectam os mundos pelo som, não pela razão. As rimas não têm a obrigação de "fazerem sentido", mas alcançam a profundeza de nossas redes neurais como rotas formadoras que nos permitem aprender como nos expressar por meio da linguagem. As rimas amenizam a tarefa árdua de uma longa jornada e nos convidam a brincar no caminho.

As crianças desenham e rimam antes de dominarem a língua (escrita). Na feitura de seu trabalho, Simão usa o potencial criativo de métodos dos primeiros anos de aprendizado que imitam o brincar. Em sua infância, ela gostava da brincadeira de fechar os olhos e desenhar suas visões, visualizando as cores e as estrelas que apareciam conforme os seus olhos reagiam à luz ao redor. O espaço da brincadeira é onde mito e realidade se mesclam em nossa percepção de mundo. Quando alguém nos avisa que a hora de brincar acabou, o feitiço daquele mundo se quebra e a varinha mágica volta a ser um simples galho. Simão está interessada no espaço entre o termo "faz de conta" (aquele espaço mágico da brincadeira, da imaginação e do devaneio) e a expressão "fazer acreditar" (inspirar ou forçar alguém a acreditar em algo), que é mais assertiva e, muitas vezes, violenta. Durante a pandemia, Simão e sua amiga, a artista brasileira Sonia Gomes, iniciaram um jogo de produzir trabalhos juntas por meio de um processo de troca lúdico e rimado. Elas passavam trabalhos uma para a outra. Simão pintava e Gomes costurava e bordava, até que ambas decidiam que o trabalho estava pronto. Costurar, bordar e tecer são formas de fazer marcas, assim como o desenho. Também são veículos que carregam histórias através de gerações. Idiomas mudam, a política muda, as religiões mudam, mas os padrões de tecelagem mudam muito mais lentamente, trazendo para o presente mensagens do passado que são mais difíceis de serem apagadas do que aquelas escritas nas linhas da história.[8]

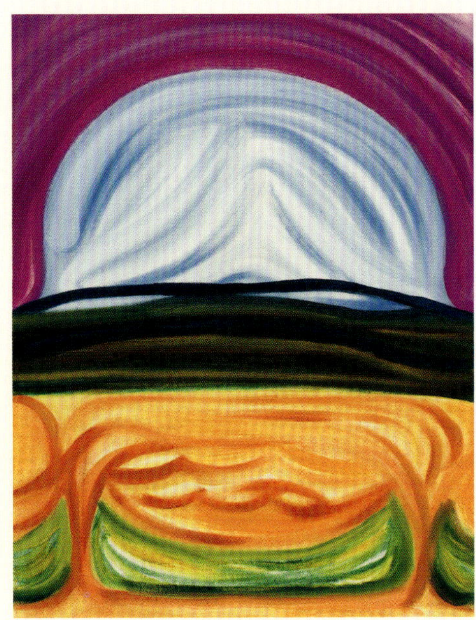

Untitled [Sem título], 2020.
Oil on canvas [óleo sobre tela]. 40 × 30 cm

politics change, religions change, but weaving patterns change much more slowly and carry on messages from the past that are harder to erase than those written down in the lines of history.[8]

It was in the context of textiles that the subjective, even psychological nature of how we perceive color was first discussed. The nineteenth century French polymath and chemist Michel Eugène Chevreul asserted how, in viewing a tapestry, perception is influenced by the relationship of the colors of neighboring threads. He was the director of dye works at the Gobelins manufactory in Paris and his ideas influenced painting techniques, not only in France, but around the world. He sought to understand how the perception of color works after receiving complaints from weavers that samples of black thread were different in hue when viewed alongside other colored threads. In his theories on simultaneous contrast Chevreul found that the brain exaggerates differences in order to perceive them better. Blacks placed against blue will take on an orange tint, for example, which is the complimentary color of blue, and blacks placed against violet will take on a yellow tint, the complimentary color of violet. In line with this, Simão rarely uses black blacks in her work, opting for a wider range of tonalities. In a Brazilian context, about a hundred years after Chevreul, Burle Marx stated in his lectures about gardens that, "a color is never isolated, never alone."[9] Simão's juxtaposing of blue-black horizon lines against an expanding blue and violet sky accentuates the smoldering yellow and molten orange sea churning in the bottom half of the painting [*See painting at left*]. The atmospheric conditions around Simão also impact her work through her experience of light. One example she gives is the experience of painting in the fog of Rio, where mountains meld into clouds. Such conditions transform how we perceive color. Simão composes chromatic landscapes that factor in how shifts in the composition of the air can open up new possibilities through the relationships between the vibrant colors she applies to her canvases. Simão plays on the inherent ambivalence of color, how it exists as light and how our eyes pick up on it. Contrary to the scientific rules that Chevreul sought to impose on color, Simão (like many other artists) follows Burle Marx's emphasis on the relational nature of color to reveal the illusions embedded in what we see. This highlights color's contingency on everything from the viewer's psychology to ambient conditions.

Probing Further Out

Our species has been grasping in the dark since the dawn of time, and we keep reaching further and further out, finding our way as stars and science illuminate routes to "elsewhere." We associate the sky with power, and many religions seek guidance from above when things down below feel unbearable. Ancient Sanskrit Vedas reference flying vehicles which carried immortal gods across the sky; colonial explorers sailed far past the perceived edges of a flat earth in the name of religion (masking other aims); and a nation asserted power by sending men to the moon. The spaceships of today are god-like machines, not bound to the mortal limits of a body, and able to communicate visions of far-off worlds back to us.

Simão is fascinated with the Huygens robotic space probe, which landed on Titan, one of Saturn's moons, in 2005, achieving the most distant and only landing in the outer solar system attributed to humankind to date.[10] The probe opened our eyes to a moonscape enshrouded in orange clouds and covered with hydrocarbon rivers and lakes in various states of freezing (*Untitled* [2021, page 118]). Despite the fact that temperatures there are

Foi no contexto dos têxteis que a natureza subjetiva ou até mesmo psicológica da nossa percepção da cor foi discutida pela primeira vez. O polímata e químico francês do século XIX, Michel Eugène Chevreul, afirmou que, ao vermos uma tapeçaria, nossa percepção é influenciada pela relação das cores entre os fios adjacentes. Na época, ele era o diretor de tinturas da fábrica Gobelins, em Paris, e suas ideias influenciaram técnicas de pintura não só na França como no mundo todo. Ele iniciou sua investigação sobre como funciona a nossa percepção das cores após ter recebido reclamações de tecelões que diziam que as amostras de fio preto eram de tons diferentes quando vistas perto de outros fios coloridos. Em suas teorias sobre contraste simultâneo, Chevreul percebeu que o nosso cérebro exagera as diferenças para que possa ver melhor as cores. Por exemplo, o preto próximo do azul assume um tom laranja, que é a cor complementar do azul, e o preto próximo do violeta assume um tom amarelo, a cor complementar do violeta. Dessa forma, Simão raramente usa pretos pretos em sua obra, optando por uma paleta mais ampla de tonalidades. No contexto brasileiro, cerca de cem anos após Chevreul, Burle Marx afirmou em suas palestras sobre jardins que "a cor nunca está isolada, nunca está sozinha".[9] No trabalho de Simão, a justaposição de linhas do horizonte de um preto azulado contra um céu em expansão azul-violeta acentua um mar abrasador em tons de amarelo e laranja fundido que cintilam na metade de baixo da pintura (*Veja o trabalho à esquerda*).

As condições atmosféricas ao redor de Simão também afetam o seu trabalho a partir da sua experiência com a luz. Um exemplo que ela dá é a experiência de trabalhar em um Rio de Janeiro nebuloso, quando as montanhas se mesclam com as nuvens. Essas condições transformam a maneira como vemos a cor. Simão compõe paisagens cromáticas que levam em conta a forma como as mudanças na composição do ar podem abrir novas responsabilidades entre as cores vibrantes de suas telas. A artista brinca com a ambivalência inerente da cor, o modo como ela existe por meio da luz e como os nossos olhos a captam. Ao invés das regras científicas que Chevreul buscava impor à cor, Simão (como vários outros artistas) segue a ênfase de Burle Max em relação à natureza relacional da cor para revelar as ilusões daquilo que vemos. Essa é uma forma de destacar a contingência da cor em tudo, desde a psicologia de quem vê até as condições do ambiente.

Investigando mais além

A espécie humana vem tateando o escuro desde os primórdios dos tempos. Não paramos de tentar alcançar cada vez mais longe, buscando nosso caminho conforme as estrelas e a ciência iluminam rotas para "outros lugares". Associamos o céu com poder, e muitas religiões buscam ensinamentos "lá em cima" quando as coisas aqui embaixo parecem intoleráveis. Os Vedas, em sânscrito antigo, fazem referências a veículos voadores que levavam deuses imortais pelos céus; em nome da religião (mas mascarando outros objetivos), os exploradores coloniais navegaram muito além daquilo que se entendia como as fronteiras da terra plana; e nações hegemônicas afirmaram seu poder enviando homens à lua. As espaçonaves de hoje em dia são como máquinas divinas. Elas não estão sujeitas aos limites de um cor e são capazes de nos transmitir imagens de mundos distantes.

Simão é fascinada pela Huygens, uma sonda espacial robótica que, em 2005, aterrissou em Titã, uma das luas de Saturno, marcando o mais distante pouso no sistema solar atribuído à raça humana até hoje.[10] A sonda abriu os nossos olhos para uma paisagem lunar envolta em nuvens laranjas e coberta de rios e lagos de hidrocarboneto em vários estágios de congelamento (*Sem título* [2021, página 118]). Apesar das temperaturas ali serem centenas de graus abaixo de zero, os cientistas, e também Simão, perguntam-se se poderá existir vida por baixo dos mares de metano de Titã. Como uma sonda em uma missão longínqua e sem tripulantes, o trabalho de Simão expande o alcance daquilo que vemos e busca por sinais de que não estamos sozinhos. Seus trabalhos incluem várias linhas do horizonte ondulantes como uma tentativa de desmontar nossas suposições e propor uma reviravolta em nossas visões de mundo (*Sem título* [2021, página 109]). Isso é muito significativo, já que a artista trabalha ao sul do Equador e recusa-se a capitular perante o pensamento dominante do Hemisfério Norte, que historicamente vem eclipsando outros modos de ser.

Cortinas esvoaçantes também aparecem como tema no trabalho de Simão. Ela cita a teatralidade lírica e a musicalidade do pintor francês do século XVIII, Jean-Antoine Watteau, como referência para a forma como ela leva o palco para fora do mundo que conhecemos e para dentro do mundo que ela cria. A presença de cortinas em certas composições de Simão sugere a natureza performativa

hundreds of degrees below zero, scientists, as well as Simão, wonder if life might exist beneath Titan's methane seas. Like a probe on a far-off unmanned mission, Simão's work expands the range of what we can see and searches for signs that we are not alone. Her works include numerous undulating horizon lines in an attempt to dismantle our assumptions and turn our worldviews around (*Untitled* [2021, page 109]). This is significant given that the artist is working south of the equator, and refuses to capitulate to the northern-dominated thinking that has historically eclipsed other modes of being.

Billowing curtains appear as motifs in Simão's work. She cites the lyrical theatricality and musicality of the eighteenth-century French painter Jean-Antoine Watteau as a reference for how she brings the stage out of the world we know and into the ones she creates. The appearance of curtains in certain of Simão's compositions hints at the performative nature of history, which includes phenomena known as black swan events characterized by their infrequent appearance, critical impact, and the widespread insistence they were obvious in hindsight. Several of Simão's paintings [*see opposite*] feature black swans in a state of submission on grand stages, speaking to the tragedy of what often happens to difference in the face of a majoritarian mindset. The Dutch explorer Willem de Vlamingh became the first European to see a black swan when he crossed the equator and landed in Australia in 1697. Up until that point, Western belief systems posited that only white swans existed, and this discovery lifted the curtain on the folly of arrogant human assumptions about the world.

It is fitting that during an attempted coup in Moscow in 1991, state-controlled airwaves replaced all TV footage with the ballet *Swan Lake* so that news of dissent would not challenge public opinion of the strength of the USSR. Thirty years later, politicians around the world have their own "Swan Lakes" to distract the public from the many ailments plaguing the world in 2021, and media outlets are no longer limited to television or radio. While the pandemic has popularly been referred to as a "black swan event," the statistician and essayist Nassim Nicholas Taleb, who wrote the 2007 best-selling book *The Black Swan,* posits that Covid-19 is a classical white swan that could have been smashed in its egg before hatching if governments had acted soon enough.

Planetary discords allowed the Covid-19 virus to spread exponentially, exacerbating existing viruses of racism, hatred, and inequality that have been plaguing the planet for centuries. At a time when everything is so complicated and deceptive, Simão's work opens up other ways of thinking. She invites us to encounter other perspectives, exercising our ability to ask questions and, if necessary, empowering our capacity for change. This is why the work is not completely abstract, why her curtains frame details that might have previously been left in the wings, and why her landscapes demagnetize the polar forces that once controlled our compasses. In an increasingly polarized world that is still battling the legacy of colonialism, it is freeing to no longer have to look North.

1 Burle Marx, Roberto, Gareth Doherty, and Finotti, Leonardo. *Roberto Burle Marx Lectures: Landscape as Art and Urbanism.* Zürich: Lars Müller Publishers, 2018.
2 Moor, Robert, 2016. *On Trails: An Exploration.* London: Aurum Press, p 234.
3 Moor, *On Trails,* p 234.
4 This insight is derived from conversations about Tarsila with Paul Richert Garcia.
5 Shuddhabatra Sengupta, "The Pursuit of the Planetary," *Salzburg Summer Academy Keynote Lecture.* Salzburg, Austria. 11 August 2018.
6 The artist and the author developed this text through a series of bi-weekly phone conversations beginning in October 2020 and culminating in March 2021.
7 Ong, Walter J. *Orality and Literacy: The Technologizing of the Word.* London: Methuen, 1982.
8 This insight owes much to conversations with Cosmin Costinas while developing the exhibition *A beast, a god, and a line* for Dhaka Art Summit 2018.
9 Burle Marx. *Landscape as Art and Urbanism.*
10 The probe was named after the seventeenth-century Dutch Astronomer Christiaan Huygens, who discovered Titan in 1655 using a telescope.

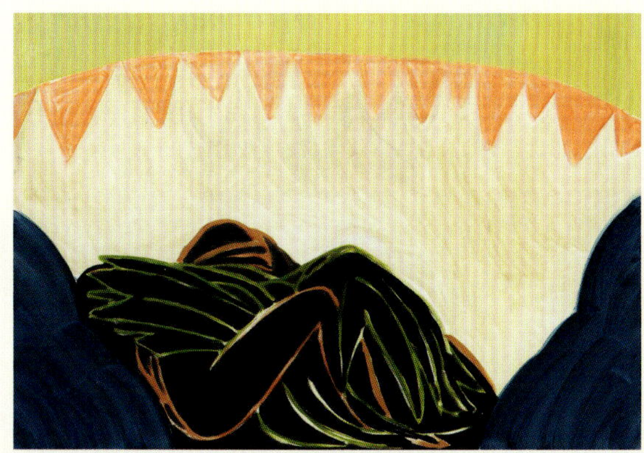

Untitled [*Sem título*], 2020.
Oil on canvas [óleo sobre tela]. 94 × 134 cm

da história, que inclui fenômenos conhecidos como eventos "cisne negro", caracterizados pela sua aparência infrequente, pelo grande impacto que causam e pela conclusão *a posteriori* de que sua ocorrência era óbvia. Várias das pinturas de Simão (*Veja a pintura acima*) mostram cisnes negros em uma condição de submissão no grande palco. Sua presença é uma forma de tratar da tragédia que ocorre quando um ponto de vista majoritário encontra a diferença. O explorador holandês Willem de Vlamingh se tornou o primeiro europeu a avistar um cisne negro quando cruzou o Equador e aterrissou na Austrália em 1697. Até aquele ponto, a crença ocidental ditava que apenas cisnes brancos existiam. Portanto, essa descoberta ergueu a cortina que ocultava a estupidez e a arrogância de certas suposições humanas sobre o mundo.

Faz sentido que, durante uma tentativa de golpe em Moscou em 1991, ondas de transmissão controladas pelo governo substituíram todas as filmagens televisas do evento com o balé *O lago do cisne*, para que as notícias das dissidências não fizessem com que a opinião pública questionasse a força da URSS. Trinta anos depois, políticos ao redor do mundo têm os seus próprios "lagos do cisne" que são usados para distrair seus públicos dos vários males que assolam o mundo em 2021, época em que veículos de mídia já não são mais limitados à televisão ou ao rádio. Enquanto a pandemia tem sido tratada por muitos como um "evento cisne negro", o estatístico e ensaísta Nassim Nicholas Taleb, que escreveu um best-seller intitulado "O Cisne Negro", em 2007, defende que, na verdade, a Covid-19 é um clássico cisne branco que poderia ter sido destruído no ovo antes mesmo de ter eclodido, caso os governos tivessem agido na hora certa.

A desconexão do planeta permitiu que o vírus da Covid-19 se espalhasse exponencialmente, exacerbando os vírus já existentes do racismo, do ódio e da desigualdade que há séculos vêm devastando o planeta. Em uma época em que tudo é tão complicado e deceptivo, o trabalho de Simão abre para novas formas de pensamento. A artista nos convida a encontrar outras perspectivas, exercitando a nossa capacidade de fazer perguntas e colocar em prática a nossa capacidade de mudança. É por isso que o seu trabalho não é completamente abstrato, que as suas cortinas emolduram detalhes que foram deixados de lado no passado e que suas paisagens desmagnetizam as forças polares que controlam os nossos compassos. Em um mundo cada vez mais polarizado, que ainda enfrenta o legado do colonialismo, é muito libertador não ter mais que olhar para o Norte.

1 Burle Marx, Roberto; Doherty, Gareth; Finotti, Leonardo. *Roberto Burle Marx Lectures: Landscape as Art and Urbanism.* Zurique: Lars Müller Publishers, 2018.
2 Moor, Robert. *On Trails: An Exploration*. Londres: Aurum Press, 2016, p. 234.
3 Moor, *On Trails,* p 234.
4 Este comentário foi extraído de conversas com Paul Richert Garcia sobre Tarsila do Amaral.
5 Sengupta, Shuddhabatra. "The Pursuit of the Planetary". *Salzburg Summer Academy Keynote Lecture.* Salzburg, Áustria. 11 de agosto de 2018.
6 A artista e a autora desenvolveram este texto a partir de uma série de conversas telefônicas realizadas a cada duas semanas, de outubro de 2020 a março de 2021.
7 Ong, Walter J. *Orality and Literacy: The Technologizing of the Word*. Londres: Methuen, 1982.
8 Este comentário deve-se muito às conversas que tive com Cosmin Costinas, quando desenvolvia a exposição *A beast, a god, and a line* [Uma besta, um deus, e uma linha] para o Dhaka Art Summit, de 2018.
9 Burle Marx, *Landscape as Art and Urbanism.*
10 A sonda foi batizada com o nome do astrônomo holandês do século XVII, Christiaan Huygens, que descobriu Titã em 1655 usando um telescópio.

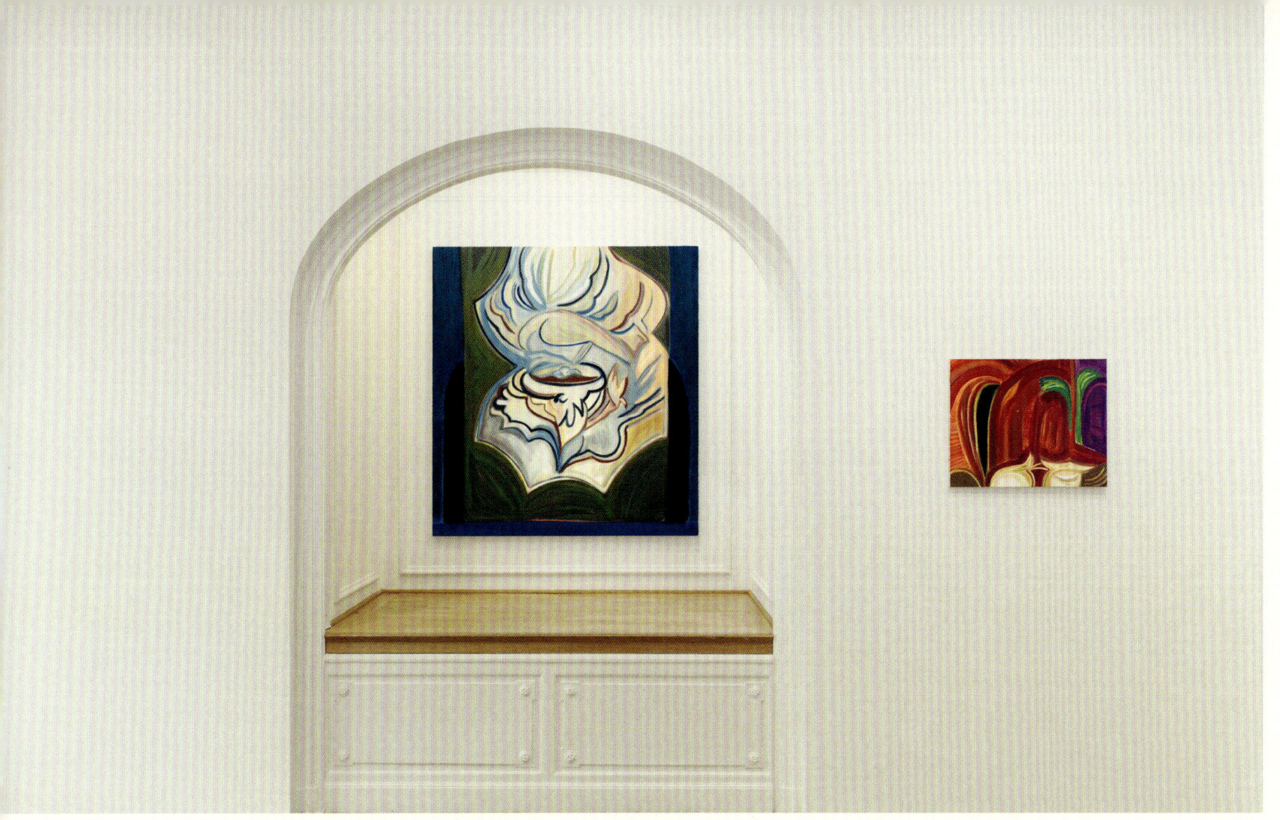

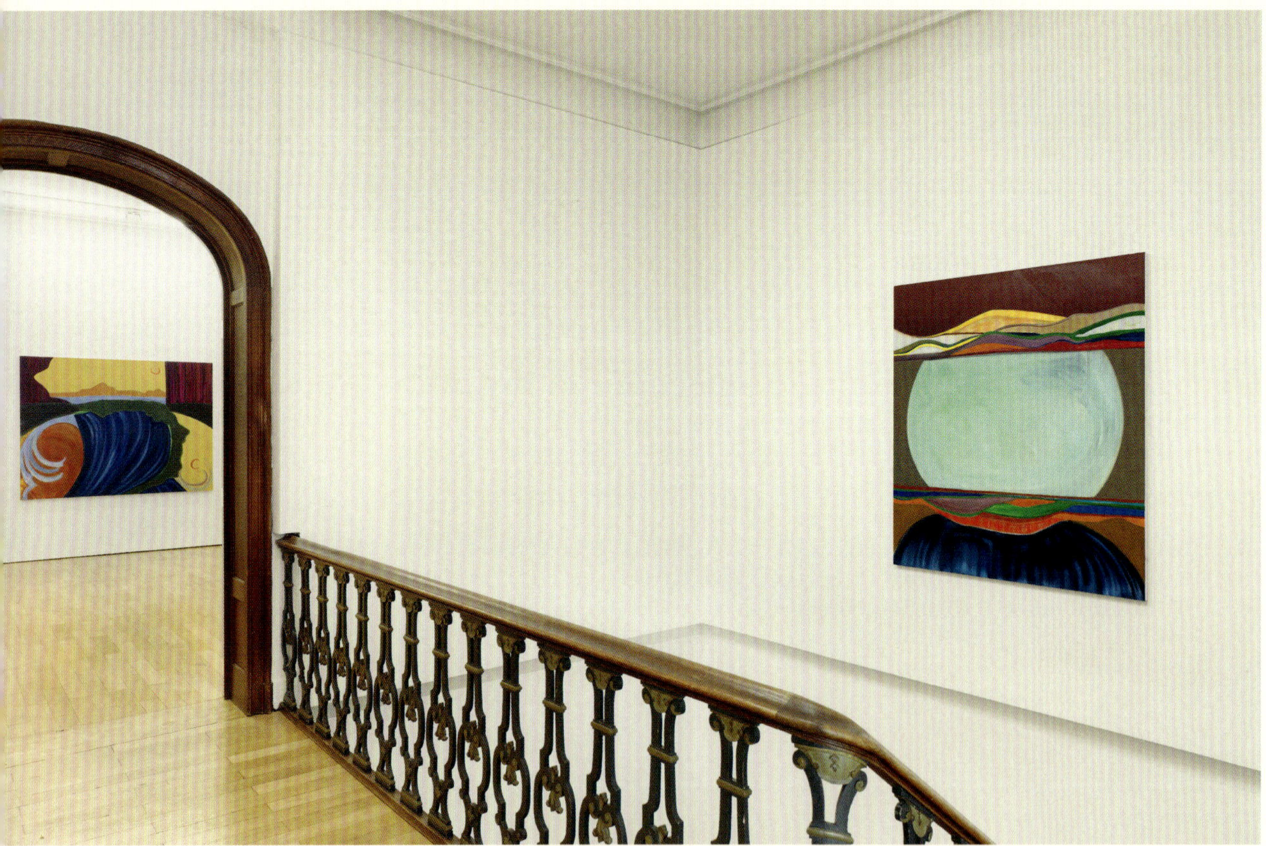

Éveils Maritimes (2020), Mendes Wood DM, Brussels.

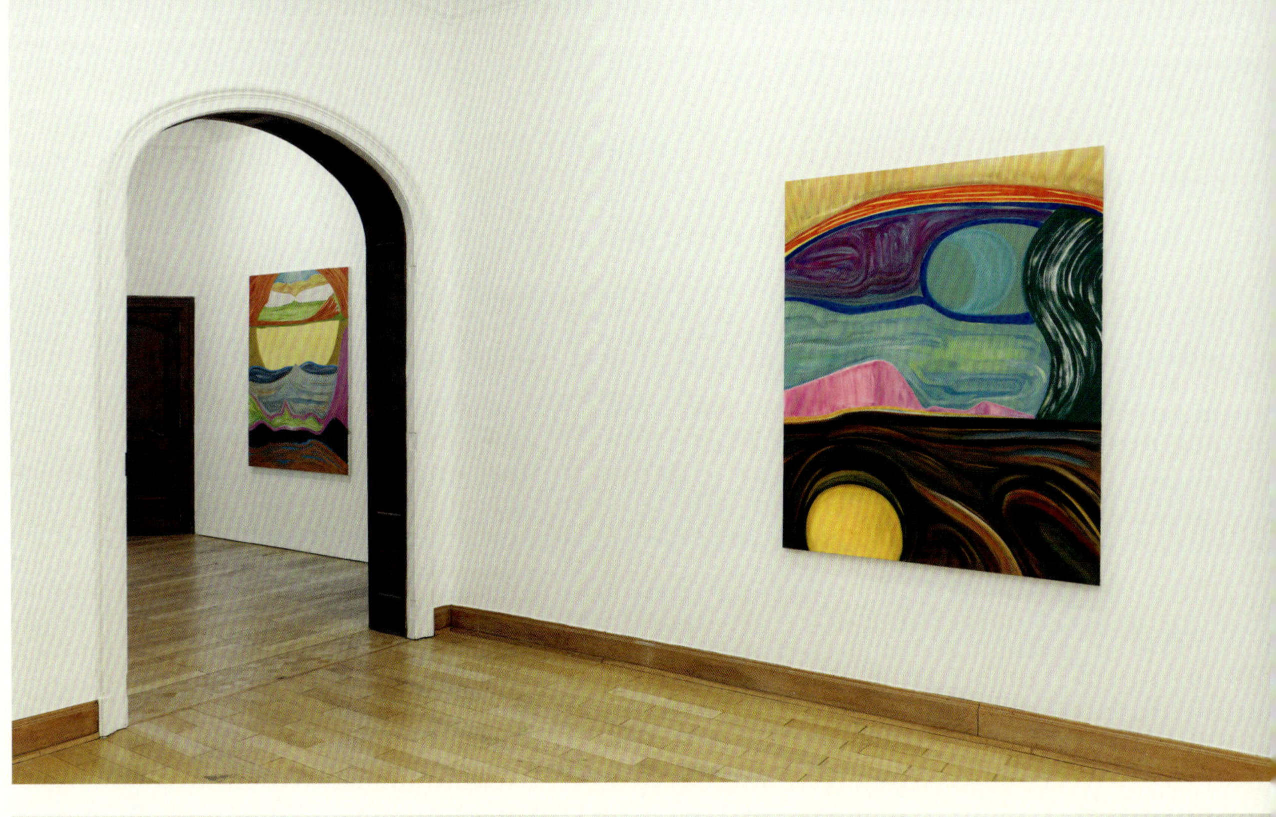

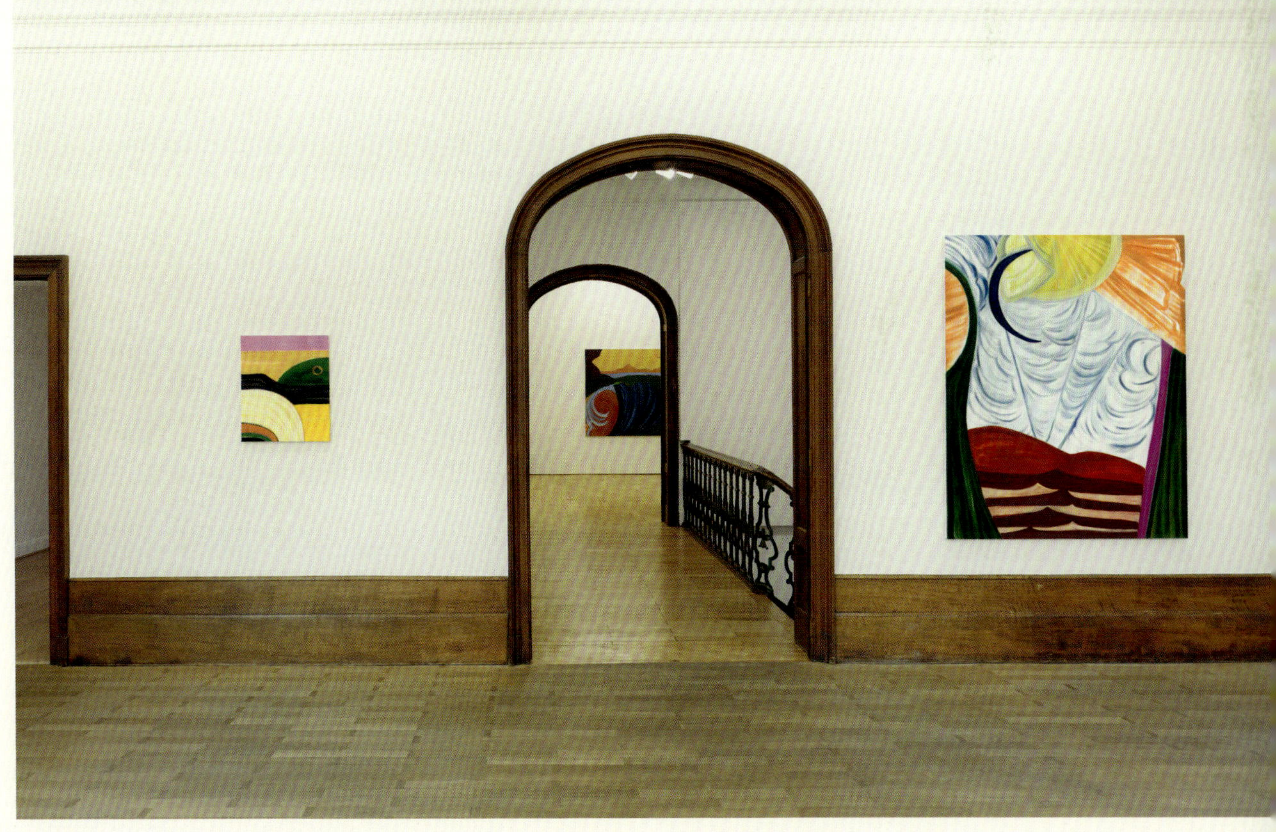

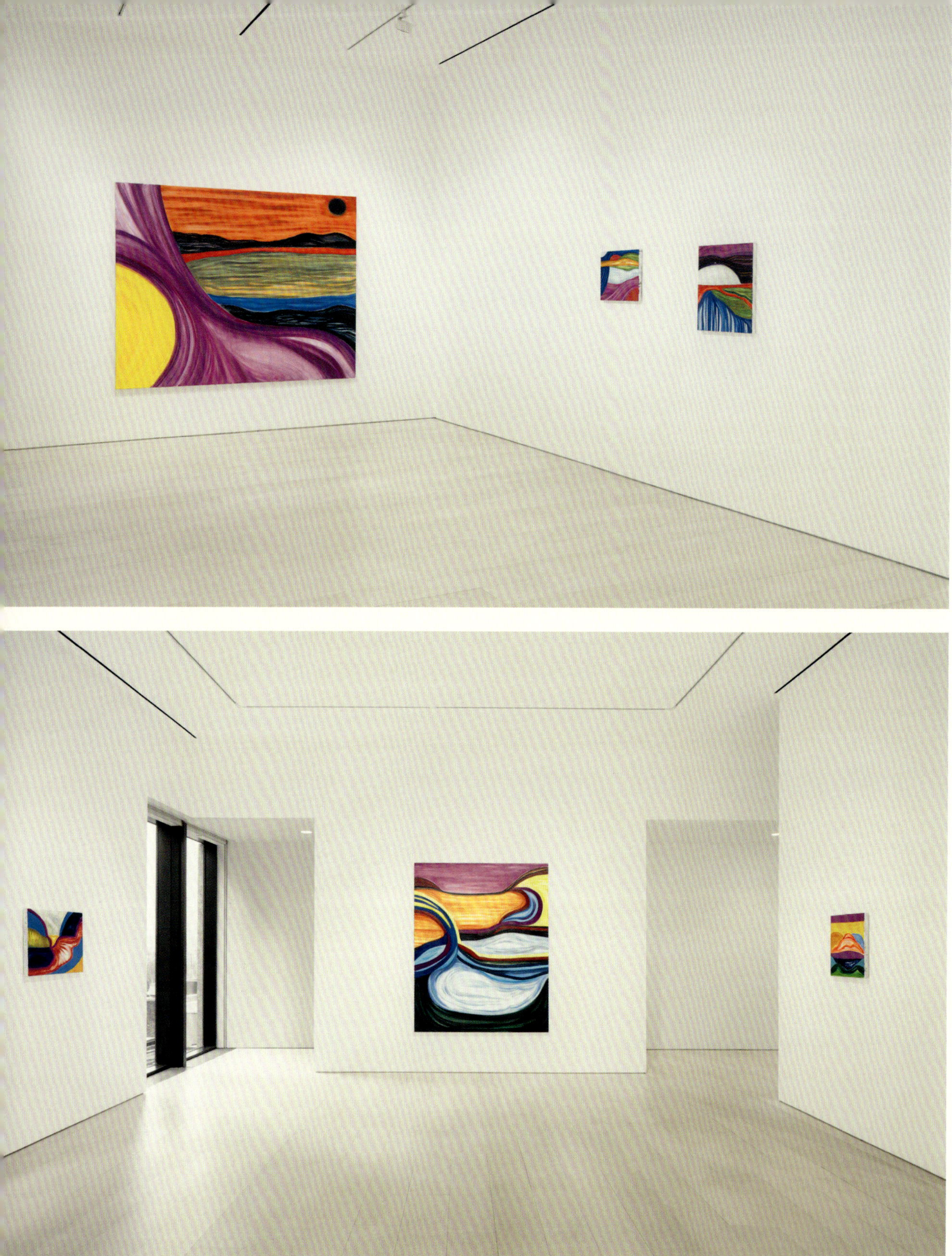

Tudo é e não é (2021), Pace Gallery, New York City.

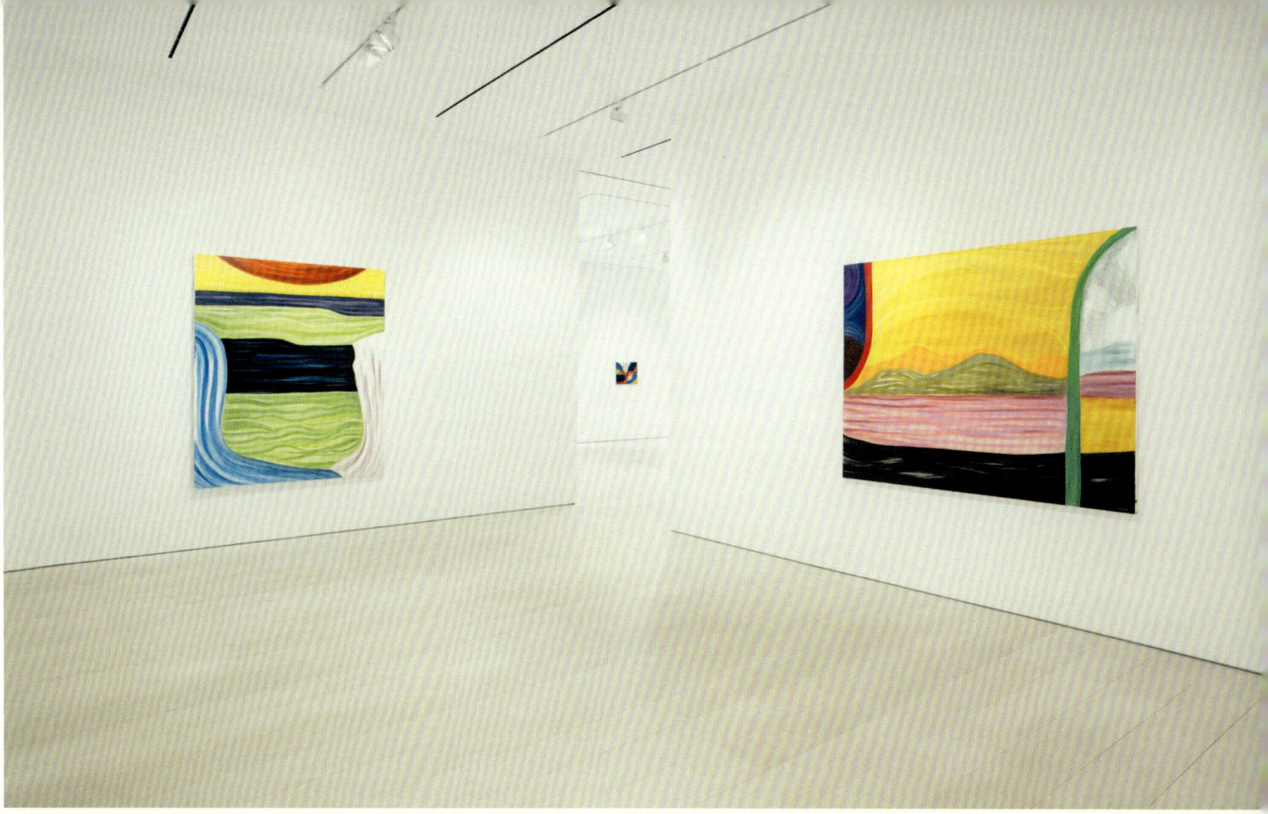

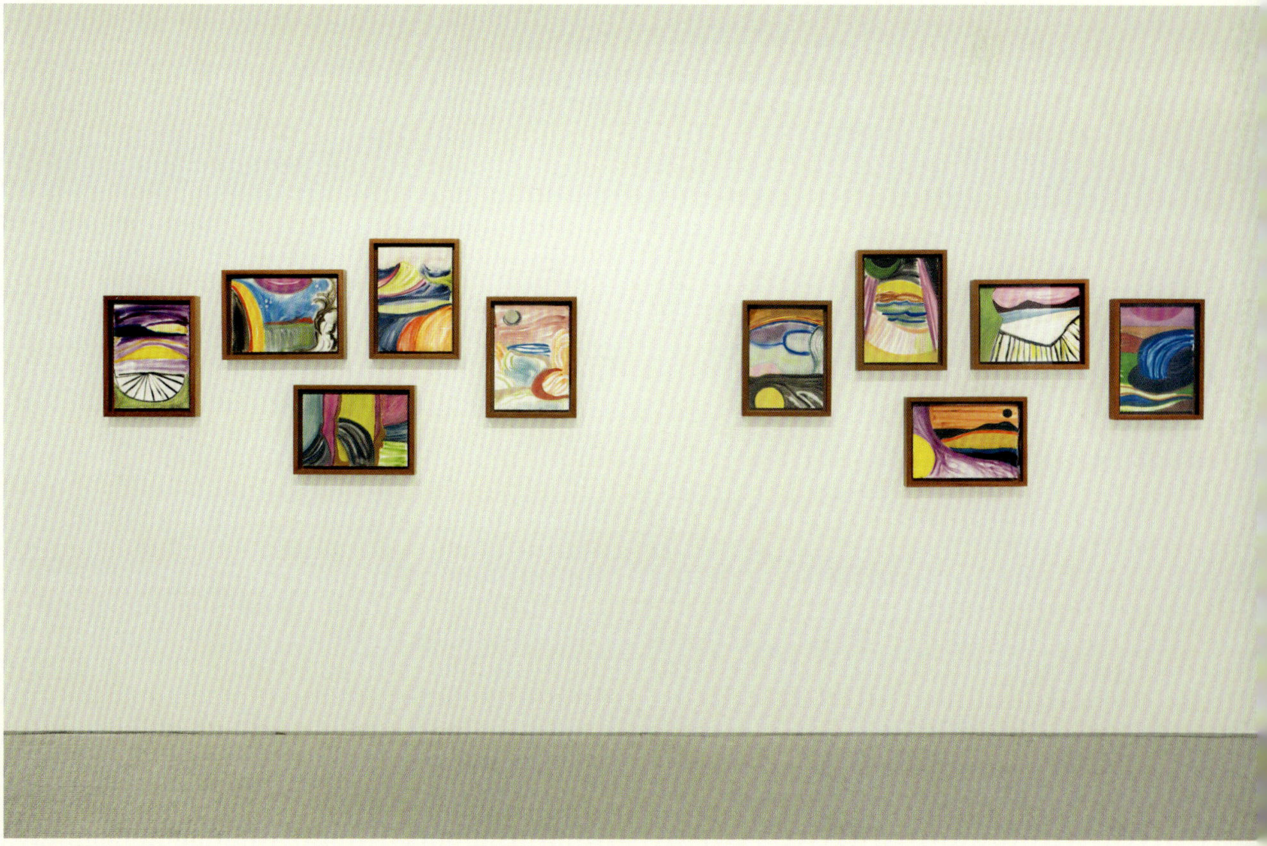

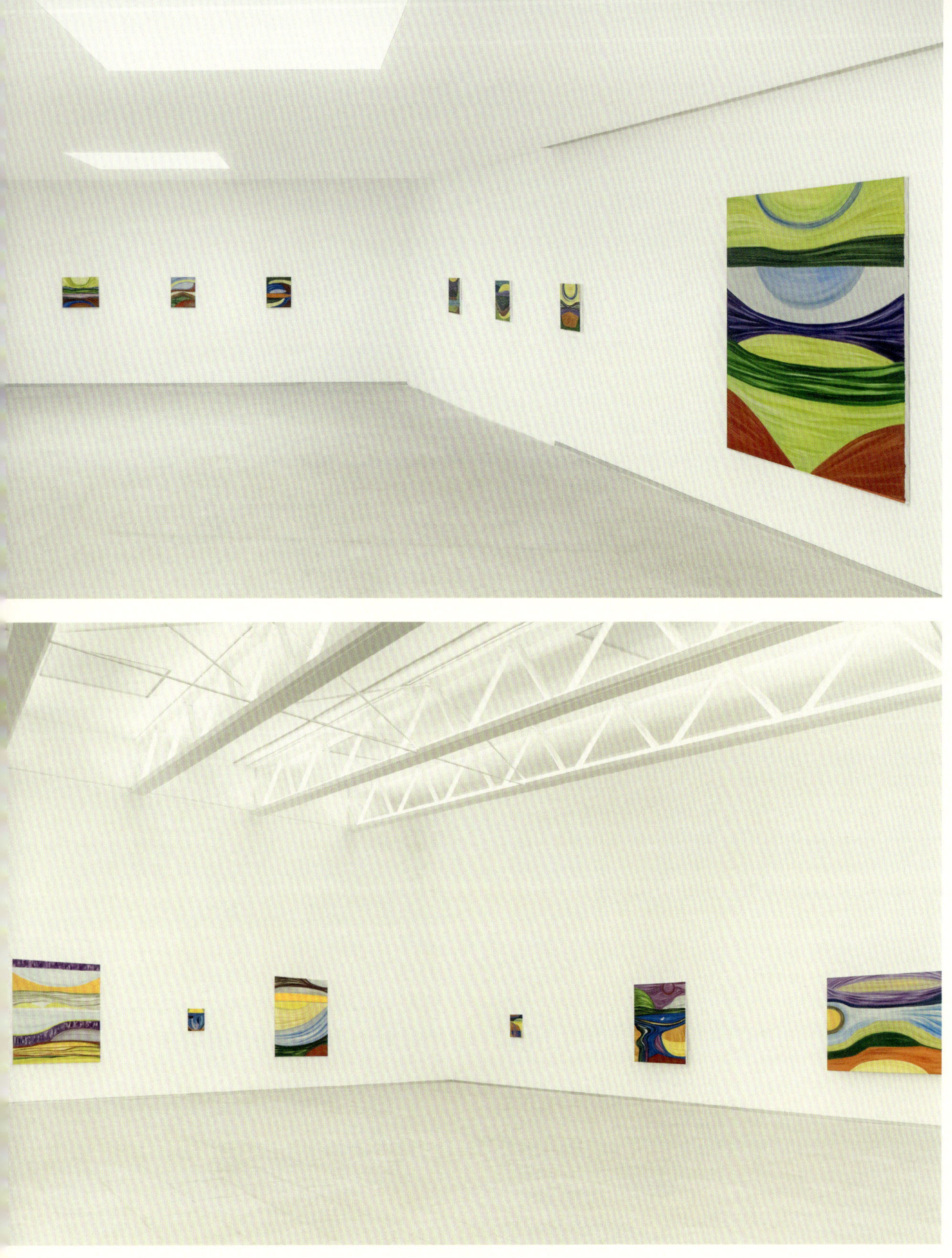

Observatory (2021), Sifang Museum, Nanjing.

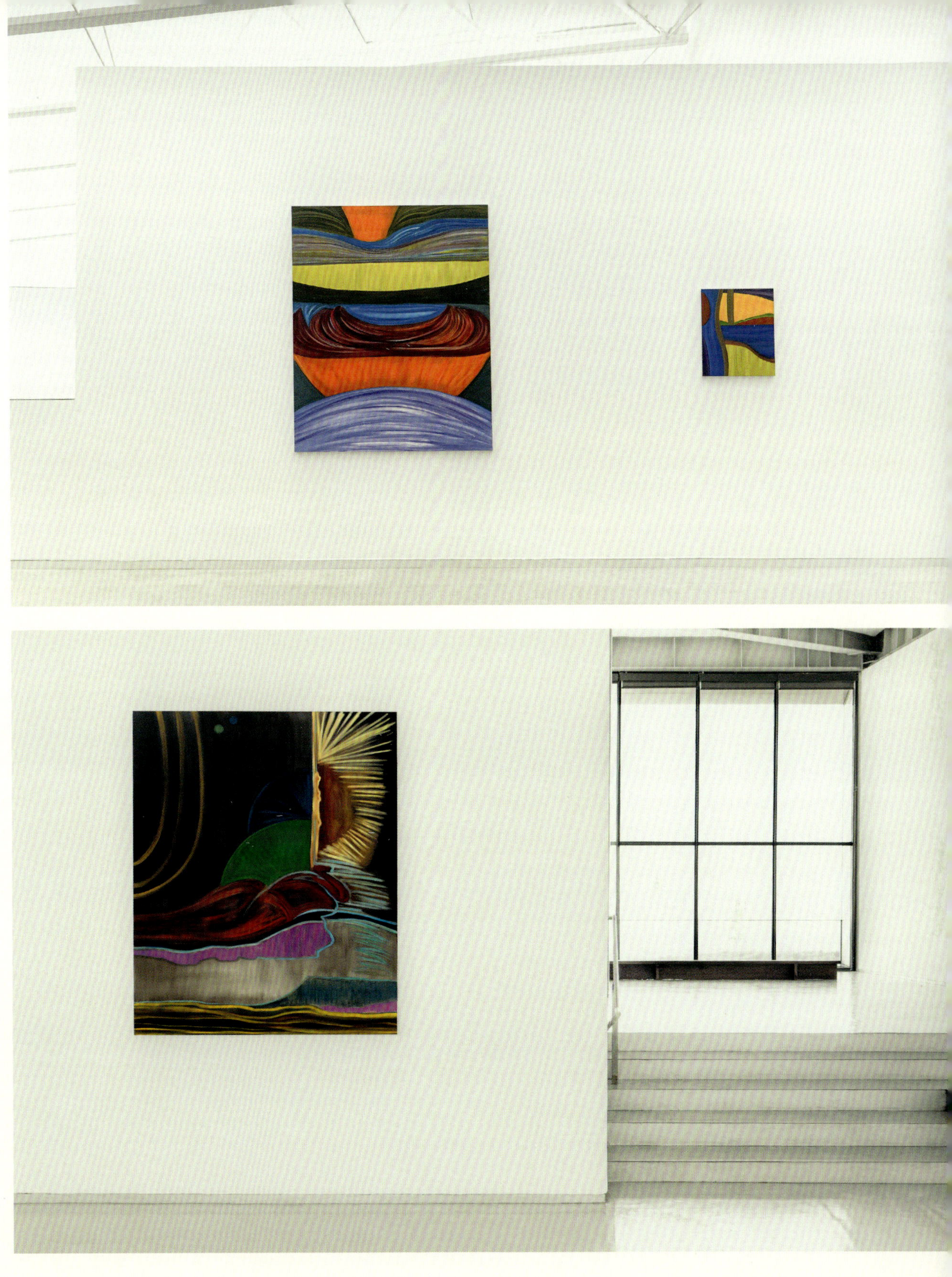

Dipped Sun: Resting Mountain

Osman Can Yerebakan

Maybe quarantine is not so bad after all. If you wildly disagree, consider the paintings Marina Perez Simão showed in her New York debut exhibition, *Tudo é e não é,* at Pace Gallery. Mostly large-scale, the twenty-three oils on canvas translate Simão's observations through the window of her São Paulo studio into liquid landscapes. Beyond what the eye sees, they defy the geographies, optics, and harmonies of the material world. Materiality is an imposition Simão toys with. The paintings chronicle her exercises with transforming the physical restraints of mandatory isolation into a portal toward a more free place. Unburdened by the operations of a visible order yet to be affected by the dismay of an unforeseeable future, Simão lets her head and hands operate in search of comfort. Avoiding a defined idea of comfort, however, she maneuvers through abstract chimeras of alluring colors and shapes. Simão expands the architectural and mental borders of a studio with exploding hues and wide-reaching gestures that evolve into a plethora of possibilities both comforting and triggering for the viewer. We wander through heaps and oozes, lush pinks and blues, sharp-edged waves and scorching suns.

Daydreaming, wanderlust, and nostalgia – indulgences of a mind that yearns for the immaterial over the visible – morph into zigzags, circles, lines, and curls. Simão renders them in thick brushstrokes, not leaving their diligent marks to chance. Serpentine indications of her hand's travels over the surface are nearly performative. The artist may be absent now that the paintings rest on walls, but Simão's presence lives on unmistakably through her impressions. There is occasional dabbling with capturing the likeness of things – be it a coral or curtains – as well as a curiosity in subverting scale so as to shift our perspective. Colors and shapes are layered. Similar to the artist's initial looking out of her window they function akin to theater stages, with soaring curtains heavily draped on both ends or earthly formations framing further vistas ahead.

Among the paintings, which are all untitled, one from 2021 shows a stream of blue flowing into a puddle of dark green enveloped by a lighter, grass-colored tone of the same hue. The juxtaposition resembles a horizontally gushing waterfall captured with the serenity of an afternoon sunset rather than a powerful stream's rupturing energy. Fittingly, the background is framed by, in my limited terrestrial observer's opinion, a fiery sunset with stripes of orange and yellow. At the top of the canvas the bottom half of a hovering sun is rendered pinkish, hinting at one of those eye-popping color explosions characteristic of dusk in summer. A handful of paintings convey a sense of fragmentation, as if they were cropped segments of larger constellations: maybe endless multiverses. A chrome formation spills from a corner with a lead-like thickness; elsewhere, a ruby bloom spreads generously, sucking or releasing nearby shades of blue to protect itself from a nearby passage of yellow. Purple leaks from the top corner toward the bottom of the composition, where the thick drips accumulate into a bulbous mass, with a scorching sunset in the distance.

After a year in which the visions seen in person and those experienced beyond the physical have coalesced, Simão's waves resemble sudden moments of recollection that snap in our memories and entertain our otherwise uneventful routine for as long as we consider them. With their curved waists her horizons, in which suns in many different colors prepare to sink, echo the literal and imagined bodies lying flat next to us – whether we are in fact with a lover by our side or alone, dreaming in our beds. Whatever Simão paints, the energy between the familiar and mysterious yearns to burst. She makes each painting unapologetically lush, not shying away from grand gestures that occupy prime real estate on the canvas. They are similar to instants of remembrance on an idyllic day, with surging dashes of other places and times. But unlike those instants, they stay due to the thickness of the artist's paint and insistence of her hand.

Sol mergulhado: montanha de descanso

Osman Can Yerebakan

Talvez a quarentena não seja tão ruim assim. Se você discorda totalmente, veja as pinturas de Marina Perez Simão em sua exposição de estreia em Nova York, *Tudo é e não é,* na Pace Gallery. Cada um dos 23 óleos sobre tela, a maioria em grande escala, traduz as observações de Simão pela janela de seu ateliê paulista em paisagens líquidas. Além do que o olho vê, eles desafiam as geografias, as perspectivas e as harmonias do mundo material. A materialidade, na verdade, é claramente uma imposição com a qual se brinca ao longo das pinturas. Nelas, Simão registra seus exercícios com a transformação de restrições físicas de isolamento obrigatório em um portal rumo a um lugar mais livre. Libertada das operações de uma ordem visível, mas afetada pela apreensão com um futuro imprevisível, Simão deixa a cabeça e as mãos trabalharem em busca de conforto. Omitindo uma ideia definida de conforto, no entanto, ela manobra através de quimeras abstratas com cores e formas encantadoras. Em dado momento, Simão expande as fronteiras arquitetônicas e mentais do estúdio com tonalidades explosivas e gestos de amplo alcance que evoluem para uma infinidade de possibilidades, confortando e provocando o espectador. Nós vagamos por montes e lamas, rosas e azuis exuberantes, ondas afiadas e sóis escaldantes.

Devaneios, impulsos intensos de viajar e nostalgia – indulgências de uma mente que anseia pelo imaterial em vez do visível – se transformam em ziguezagues, círculos, linhas e curvas. Simão os ilustra em pinceladas grossas, sem deixar suas marcas diligentes sobre a tela ao acaso. As indicações serpentinas dos trajetos de sua mão sobre a superfície são quase performativas. A artista pode estar ausente agora que as pinturas repousam nas paredes, mas a presença de Simão vive de forma inequívoca nas suas impressões. Ocasionalmente, ela explora capturar a semelhança das coisas – seja um coral ou cortinas – ou tem a curiosidade de subverter as escalas para mudar nossa perspectiva. Cores e formas têm profundidade, assim como o olhar inicial da artista pela sua janela. Funcionam de forma semelhante a palcos de teatro com cortinas altas pesadamente drapeadas em ambas as extremidades, ou como formações terrestres emoldurando paisagens mais à frente.

Dentre as pinturas, todas sem título, uma de 2021 mostra um fluxo azul se derramando dentro de uma poça verde escura envolta por um tom mais claro, cor de grama, do mesmo verde. A justaposição lembra uma cachoeira jorrando horizontalmente, capturada com a serenidade de um pôr do sol vespertino, em vez da energia diruptiva de um fluxo poderoso. O fundo é condizentemente reservado, na minha limitada opinião de observador terrestre, por um pôr do sol ardente com listras de cores laranja e amarelo. A metade inferior de um sol flutuante se torna rosada na parte superior da tela, sugerindo uma daquelas explosões de cores de arregalar os olhos nos entardeceres de verão. Um punhado de pinturas transmite uma ideia de fragmentação, como se fossem pedaços recortados de constelações maiores, talvez de multiversos infinitos. Uma formação cromada derrama-se de um canto com uma espessura semelhante a chumbo; em outra parte, uma explosão cor de rubi se espalha generosamente, sugando ou liberando tons de azul próximos para protegê-los do amarelo que se aproxima; ou um roxo vaza do canto superior para o chão inteiro, onde o gotejamento espesso se acumula em uma massa bulbosa, com um pôr do sol escaldante ao longe.

Depois de um ano em que as visões vividas pessoalmente e as experimentadas para além do mundo físico se fundiram, as ondas de Simão assemelham-se a momentos repentinos de recordação que surgem nas nossas memórias e entretêm a nossa rotina, geralmente pacata, enquanto duram. Seus horizontes, nos quais sóis de várias cores diferentes se preparam para afundar, ecoam nos corpos que se estendem ao nosso lado com suas cinturas curvilíneas – estejamos de fato com um amante ou sozinhos em nossas camas. O que quer que Simão pinte, a energia entre o familiar e o misterioso anseia por estourar. Ela torna cada pintura assumidamente exuberante, sem se esquivar de gestos grandiosos que ocupam espaços valiosos na tela. São semelhantes a instantes de recordação em um dia idílico, com rajadas explosivas de outros lugares e tempos, mas, ao contrário desses instantes, os gestos permanecem com a densidade da pintura da artista e a insistência de sua mão.

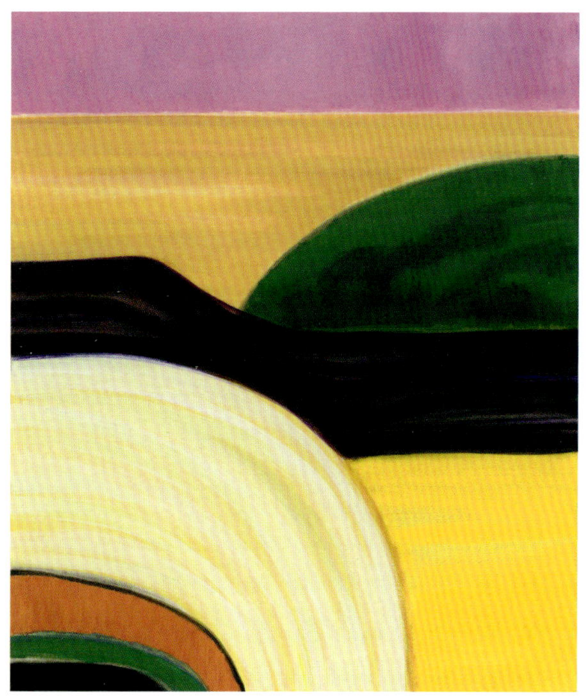

Untitled, 2020. Oil on canvas. 60 × 50 cm

Sem título, 2020. Óleo sobre tela. 60 × 50 cm

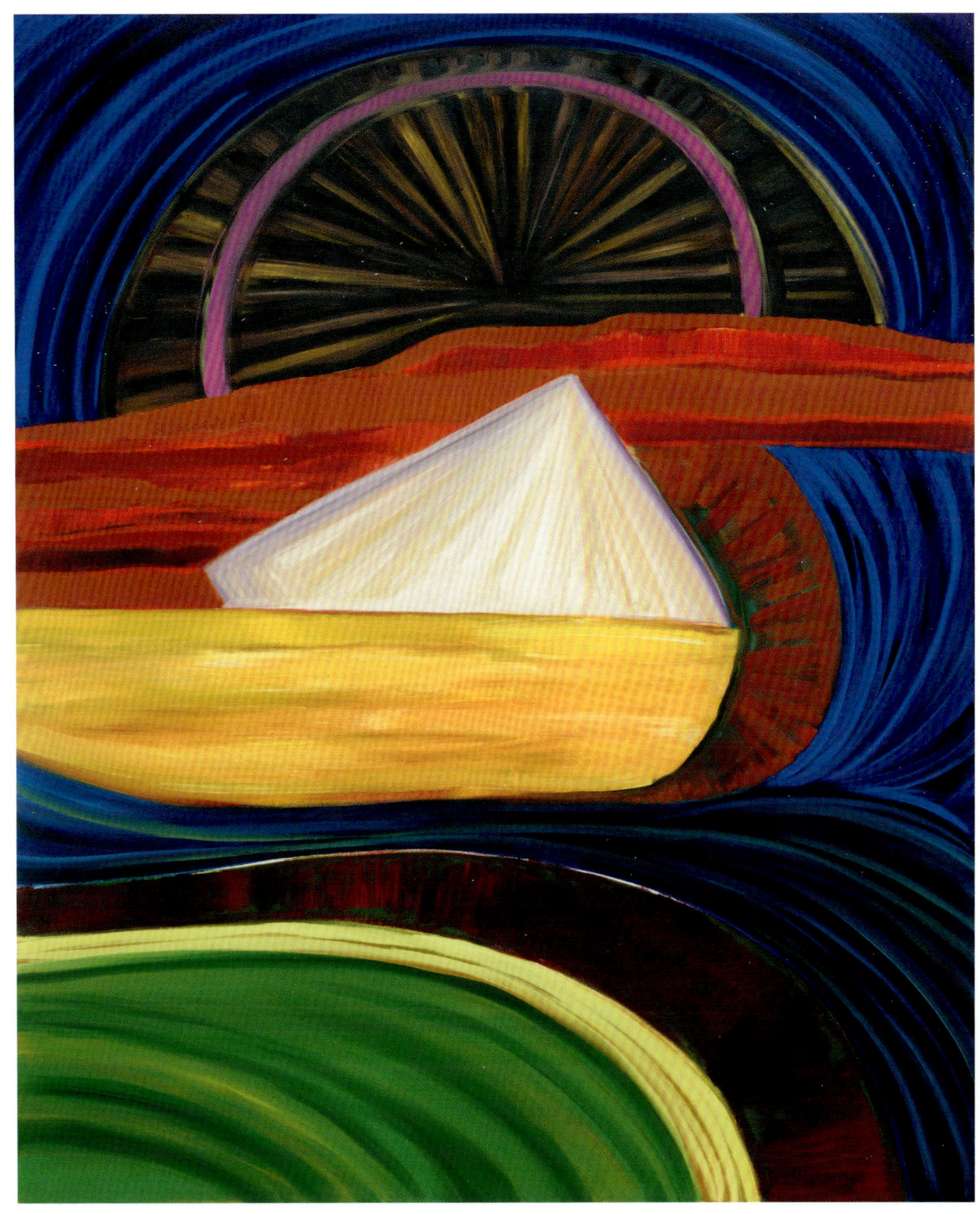

Untitled, 2020. Oil on canvas. 170 × 136 cm

Sem título, 2020. Óleo sobre tela. 170 × 136 cm

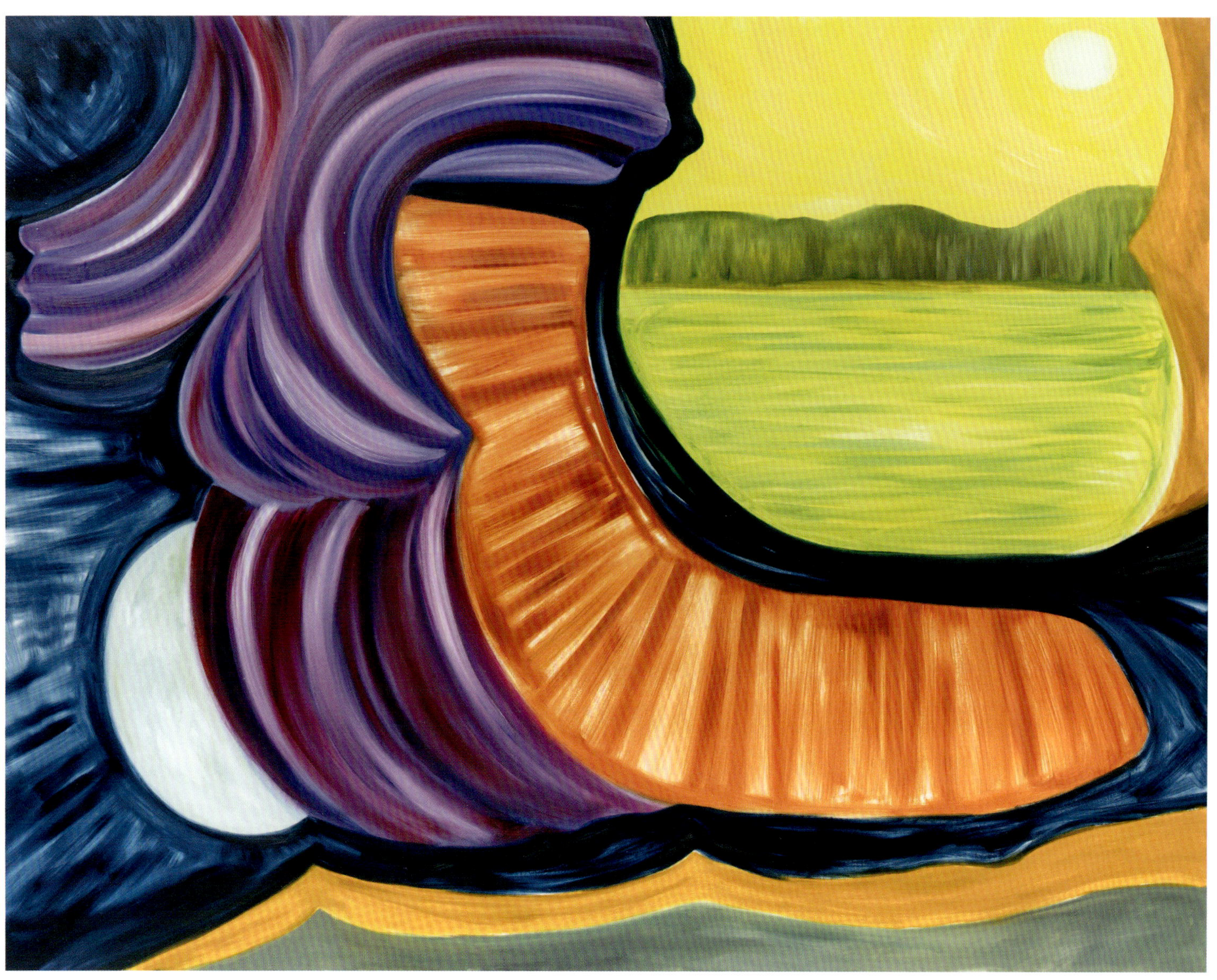

Untitled, 2020. Oil on canvas. 160 × 200 cm

Sem título, 2020. Óleo sobre tela. 160 × 200 cm

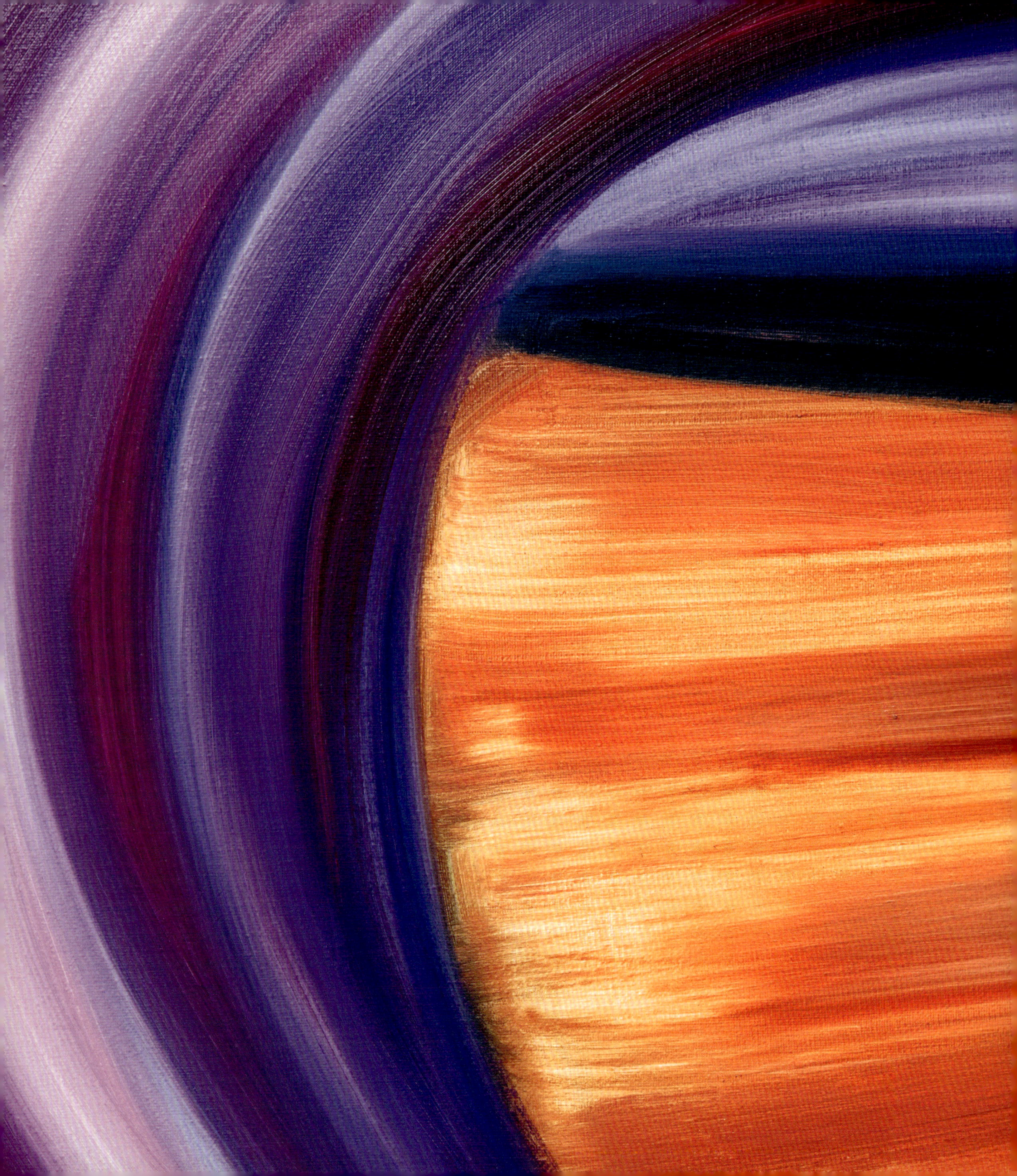

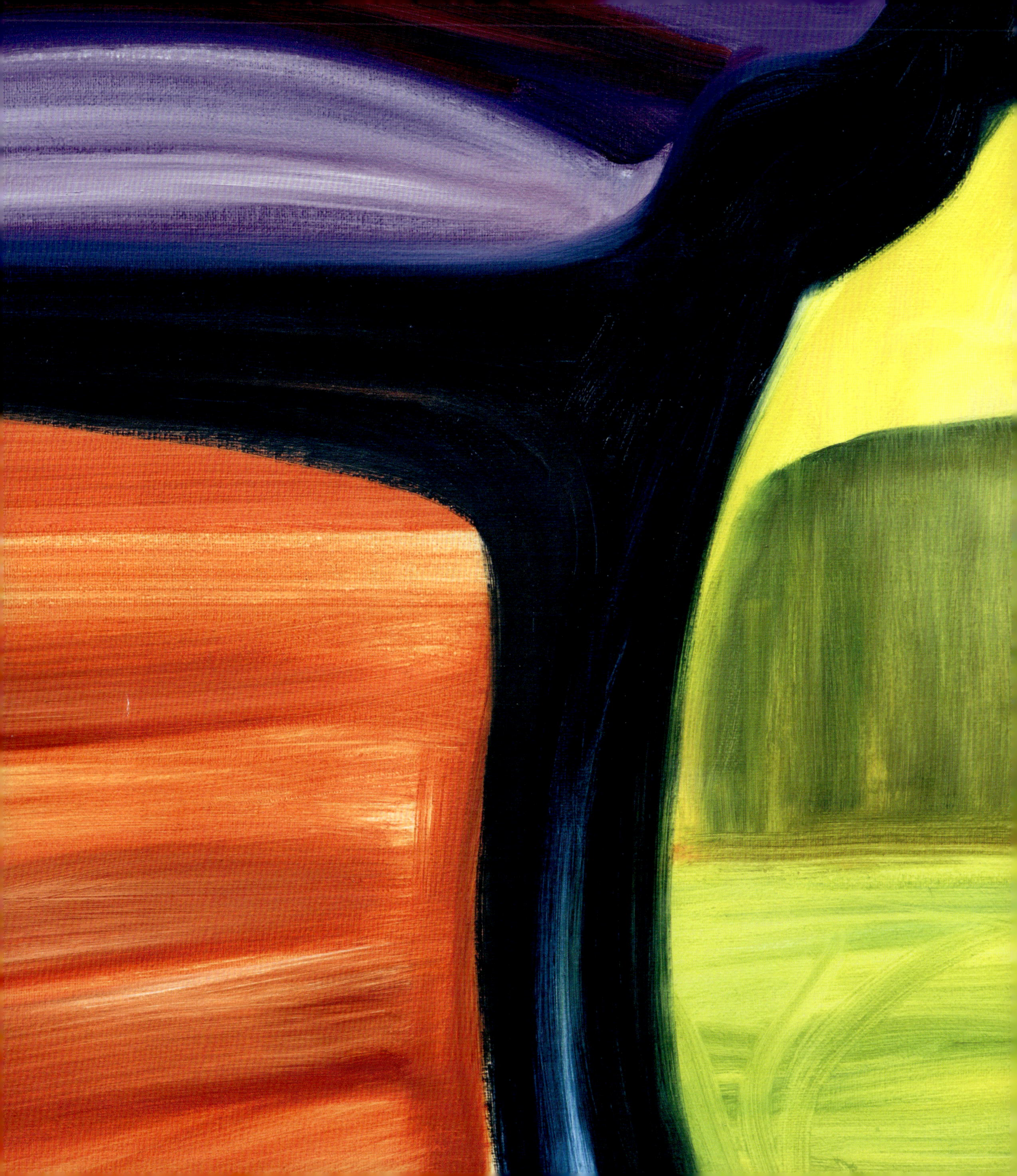

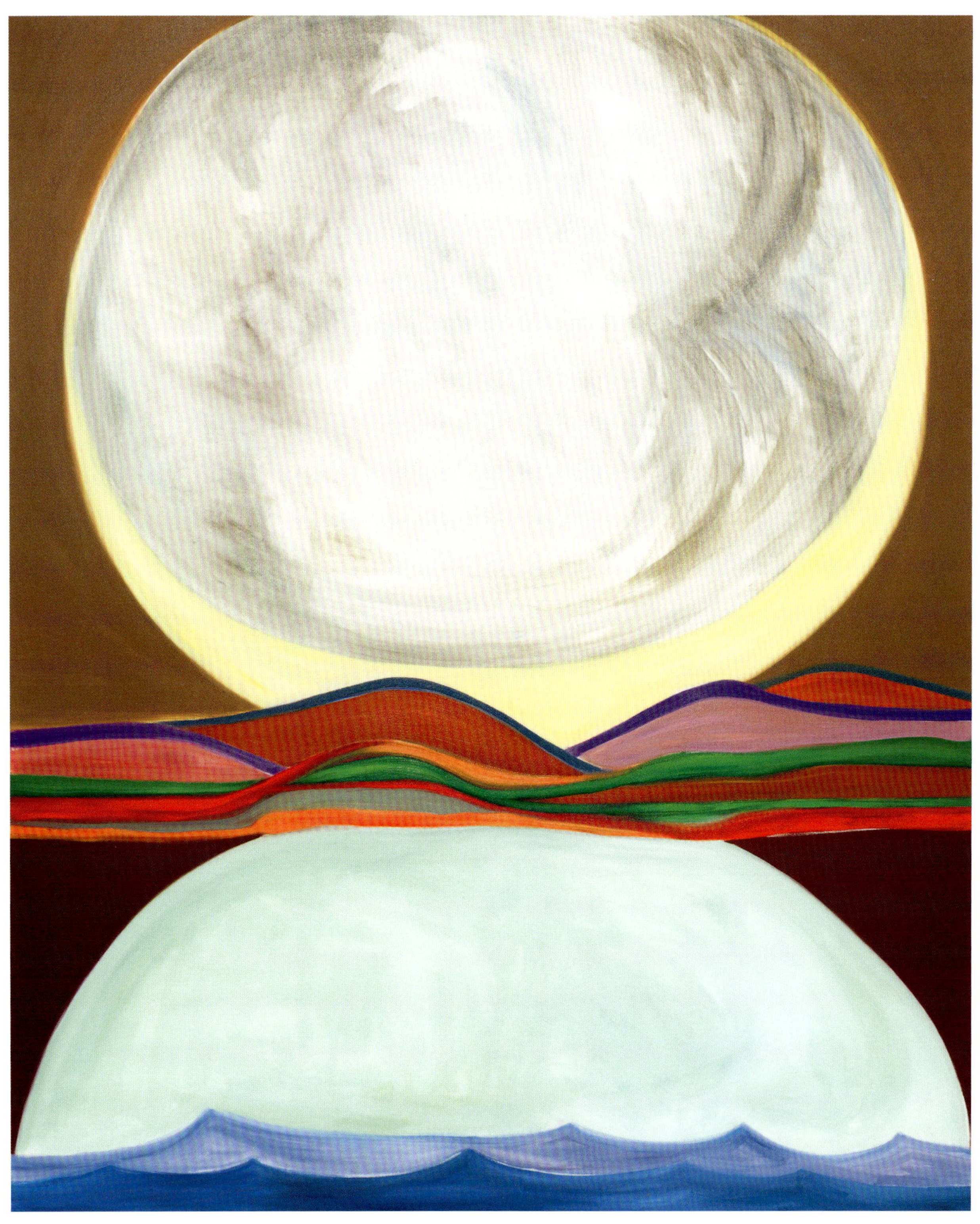

Untitled, 2020. Oil on canvas. 200 × 160 cm

Sem título, 2020. Óleo sobre tela. 200 × 160 cm

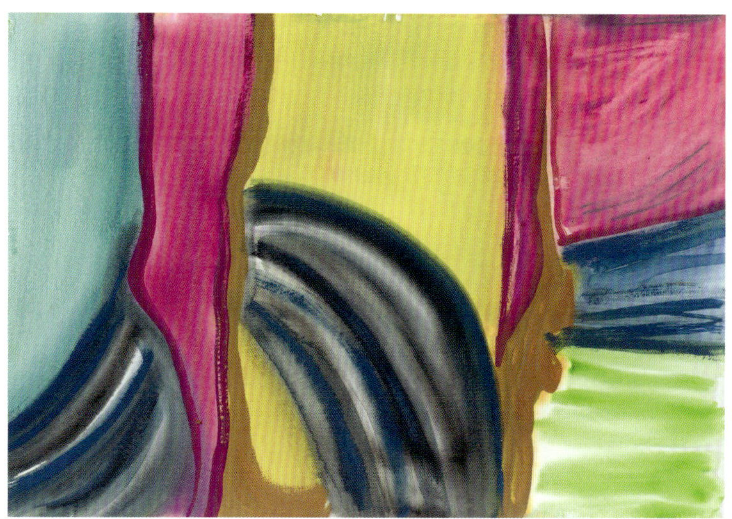

Untitled, 2021. Watercolor on paper. 30 × 42 cm

Sem título, 2021. Aquarela sobre papel. 30 × 42 cm

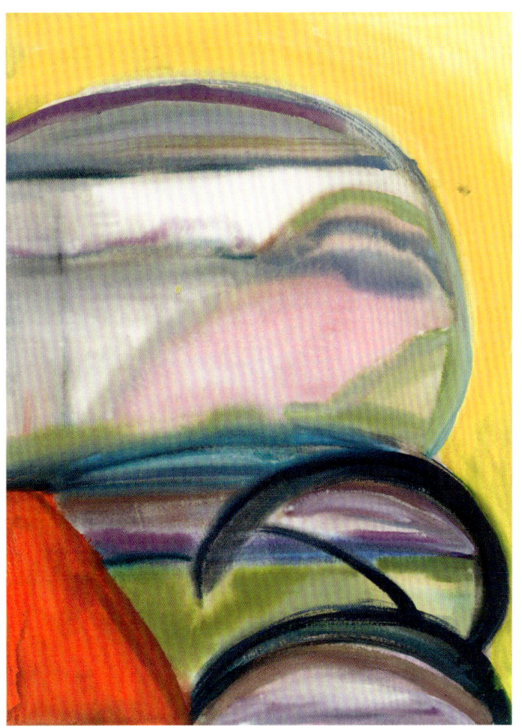

Untitled, 2021. Watercolor on paper. 42 × 30 cm

Sem título, 2021. Aquarela sobre papel. 42 × 30 cm

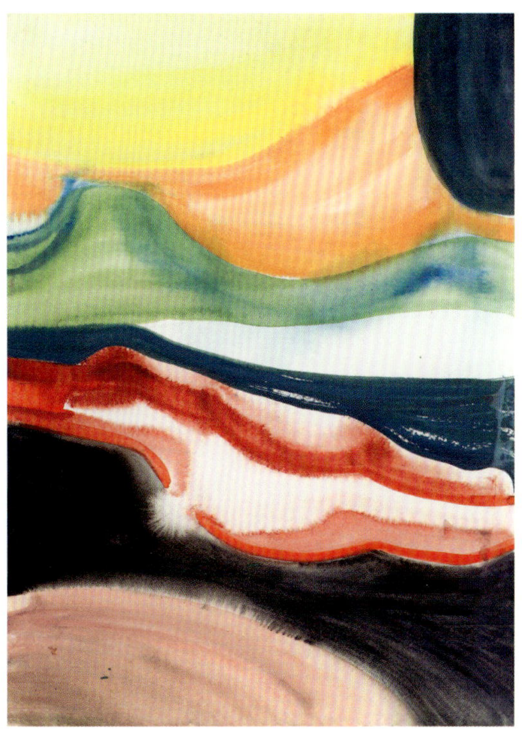

Untitled, 2021. Watercolor on paper. 42 × 30 cm

Sem título, 2021. Aquarela sobre papel. 42 × 30 cm

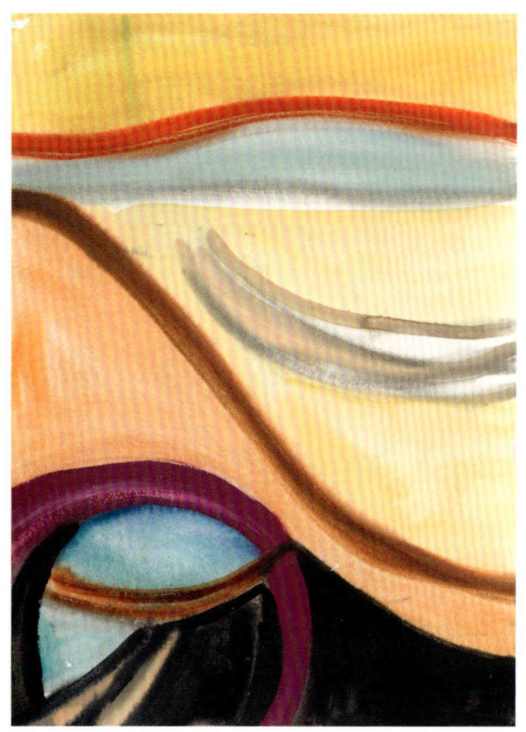

Untitled, 2021. Watercolor on paper. 42 × 30 cm

Sem título, 2021. Aquarela sobre papel. 42 × 30 cm

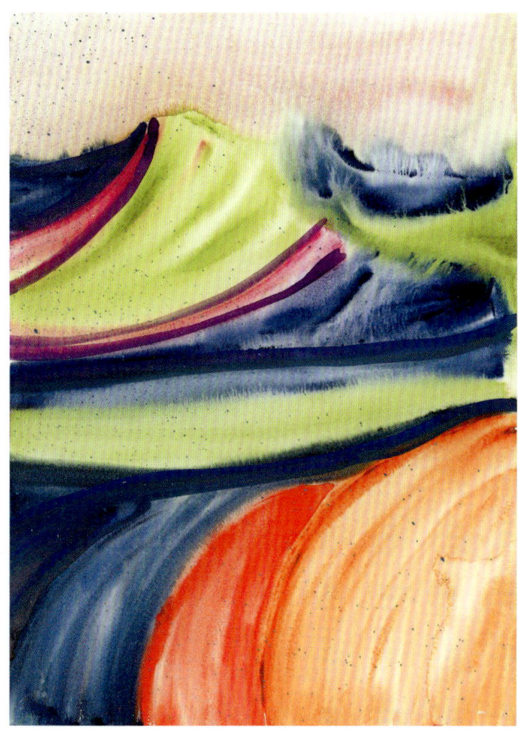

Untitled, 2021. Watercolor on paper. 42 × 30 cm

Sem título, 2021. Aquarela sobre papel. 42 × 30 cm

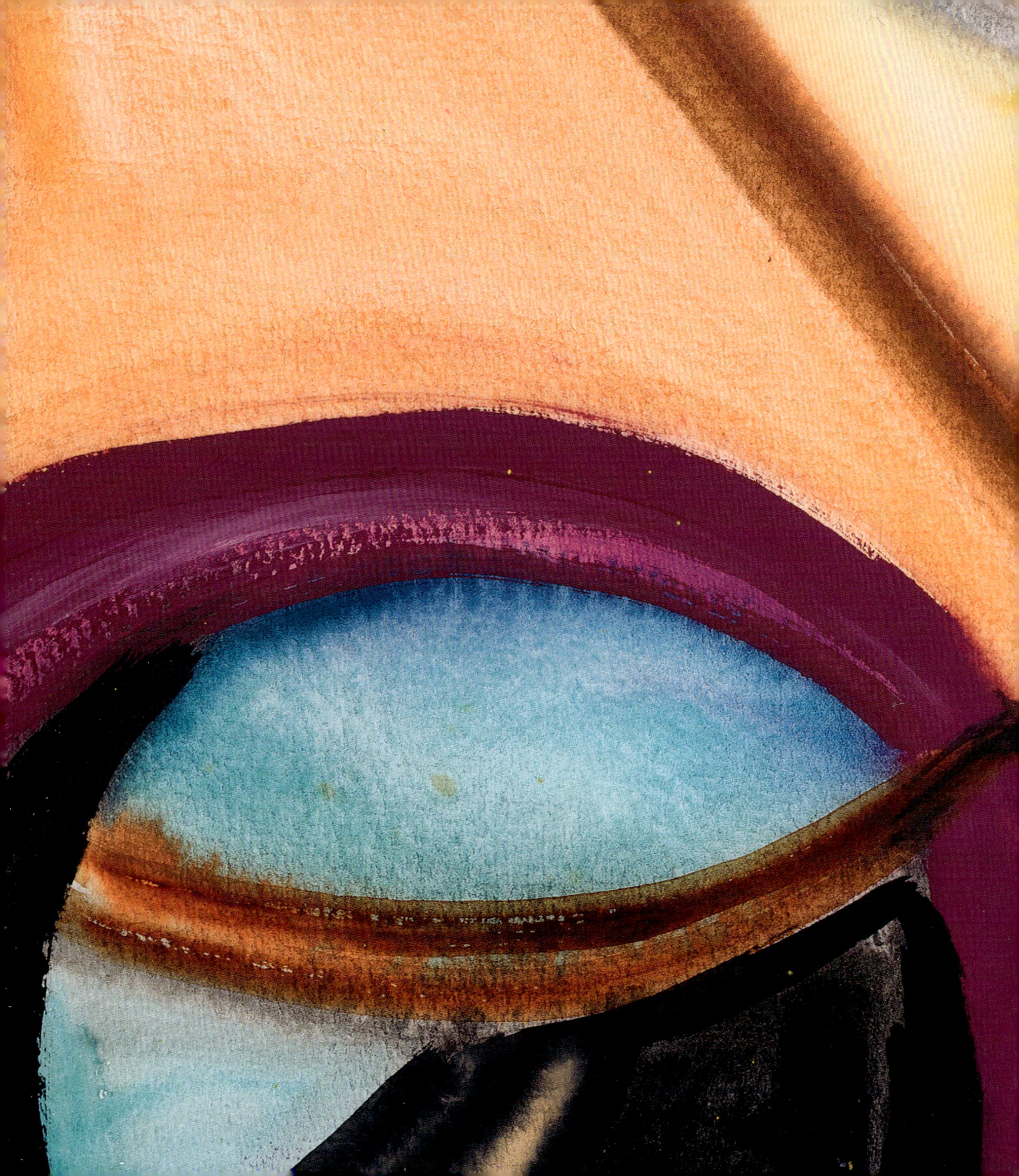

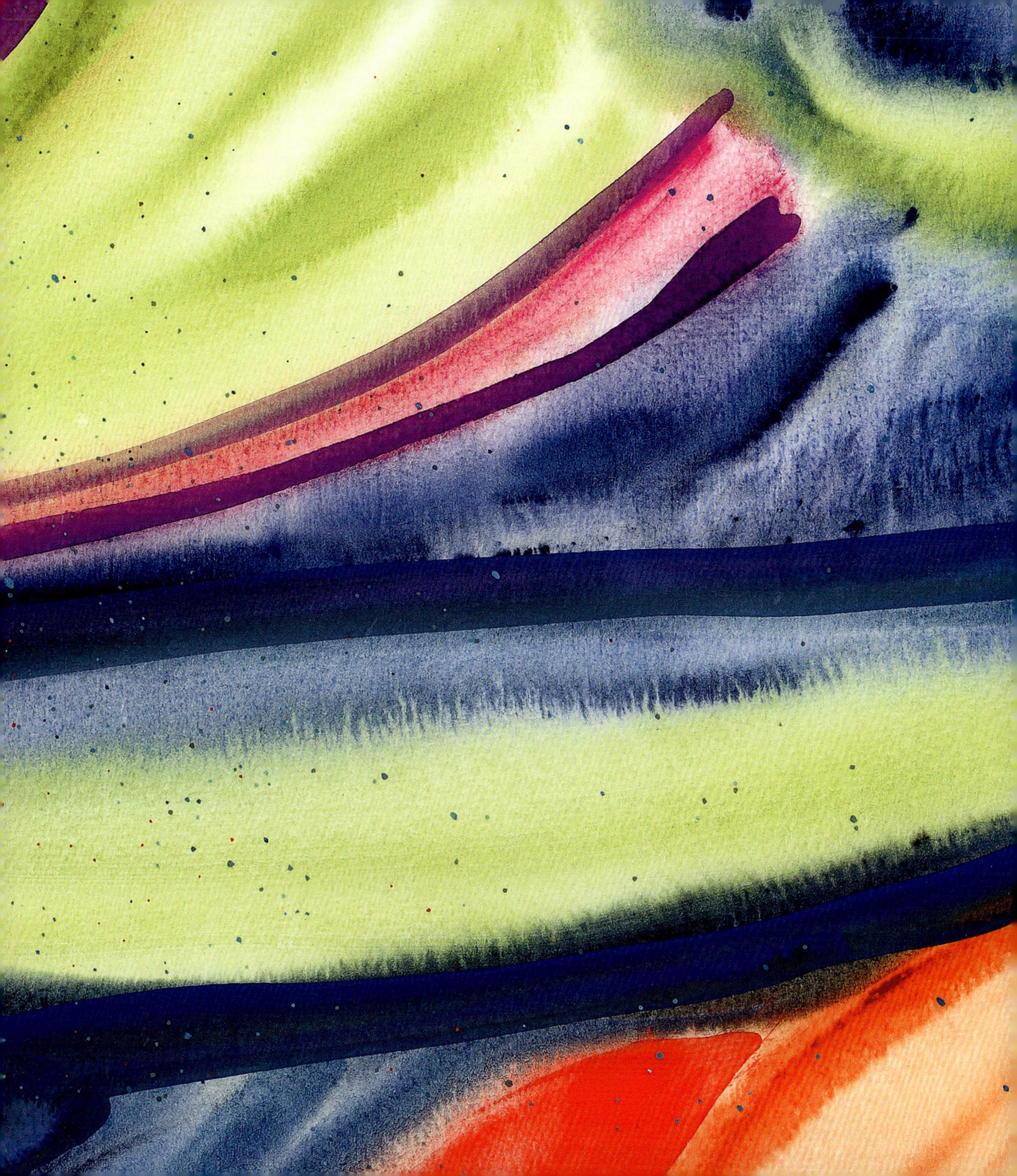

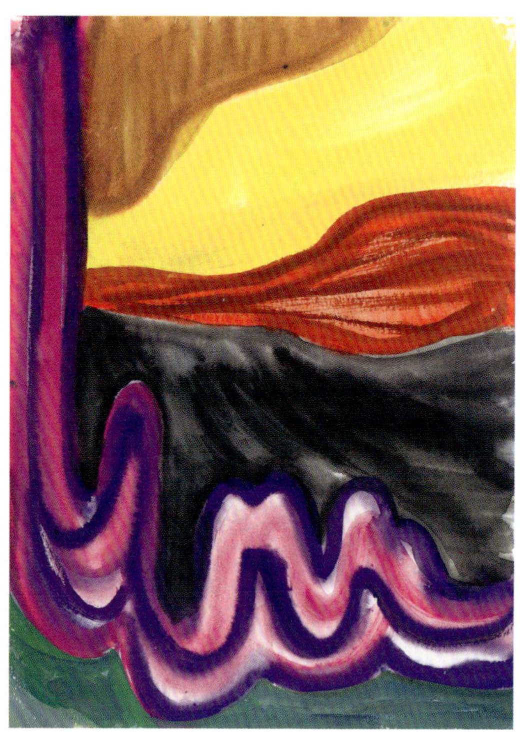

Untitled, 2021. Watercolor on paper. 42 × 30 cm

Sem título, 2021. Aquarela sobre papel. 42 × 30 cm

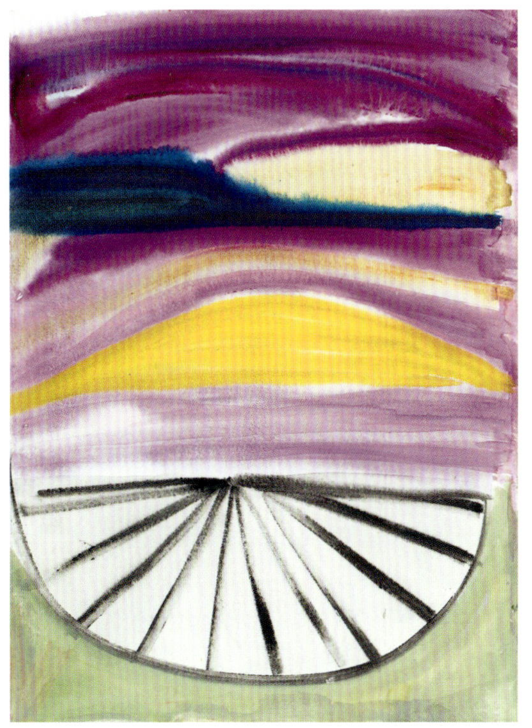

Untitled, 2021. Watercolor on paper. 42 × 30 cm

Sem título, 2021. Aquarela sobre papel. 42 × 30 cm

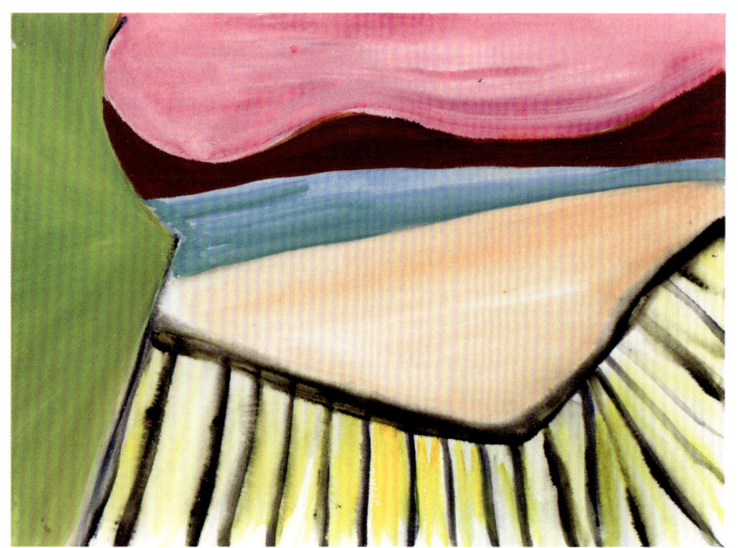

Untitled, 2021. Watercolor on paper. 30 × 42 cm

Sem título, 2021. Aquarela sobre papel. 30 × 42 cm

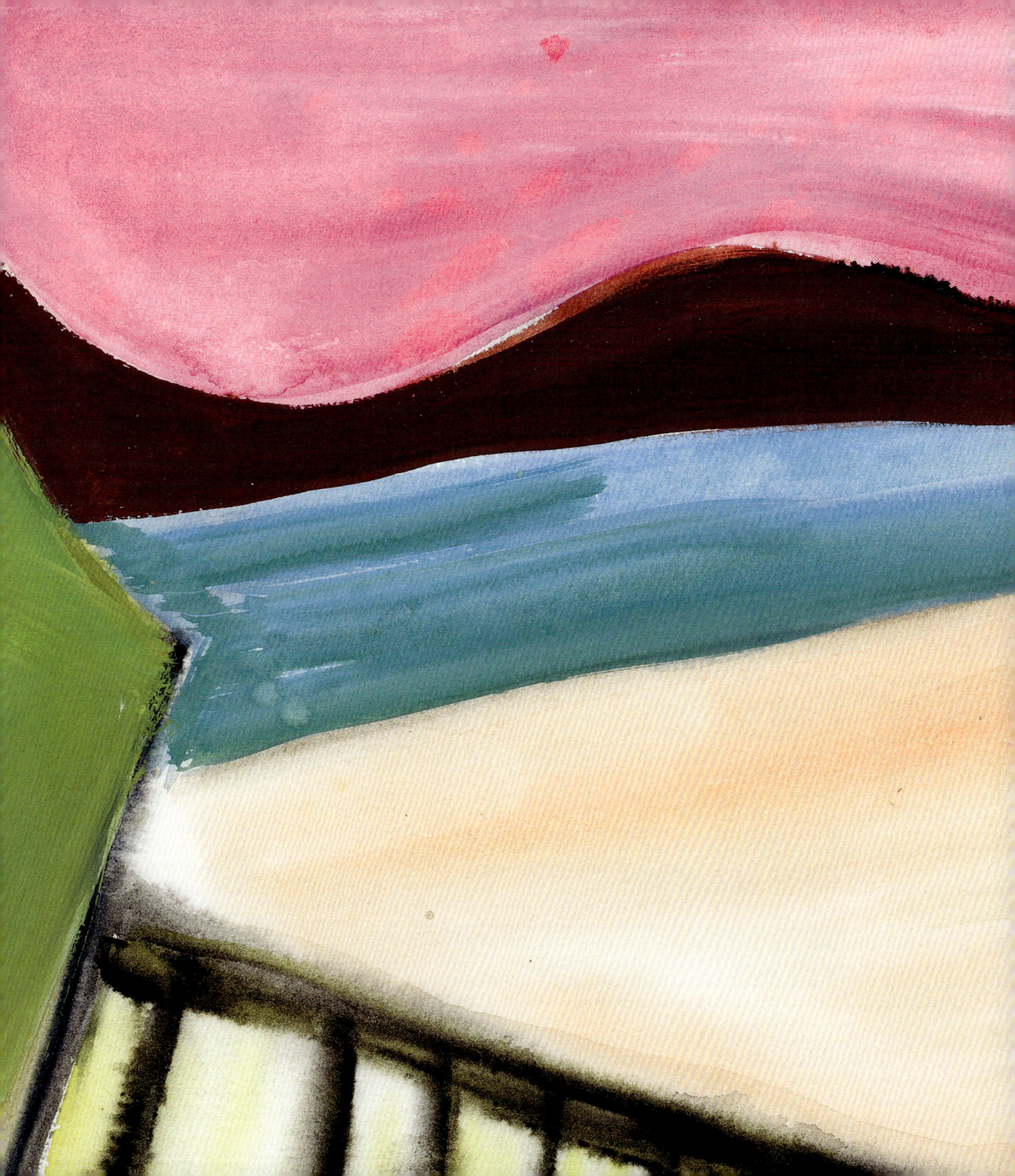

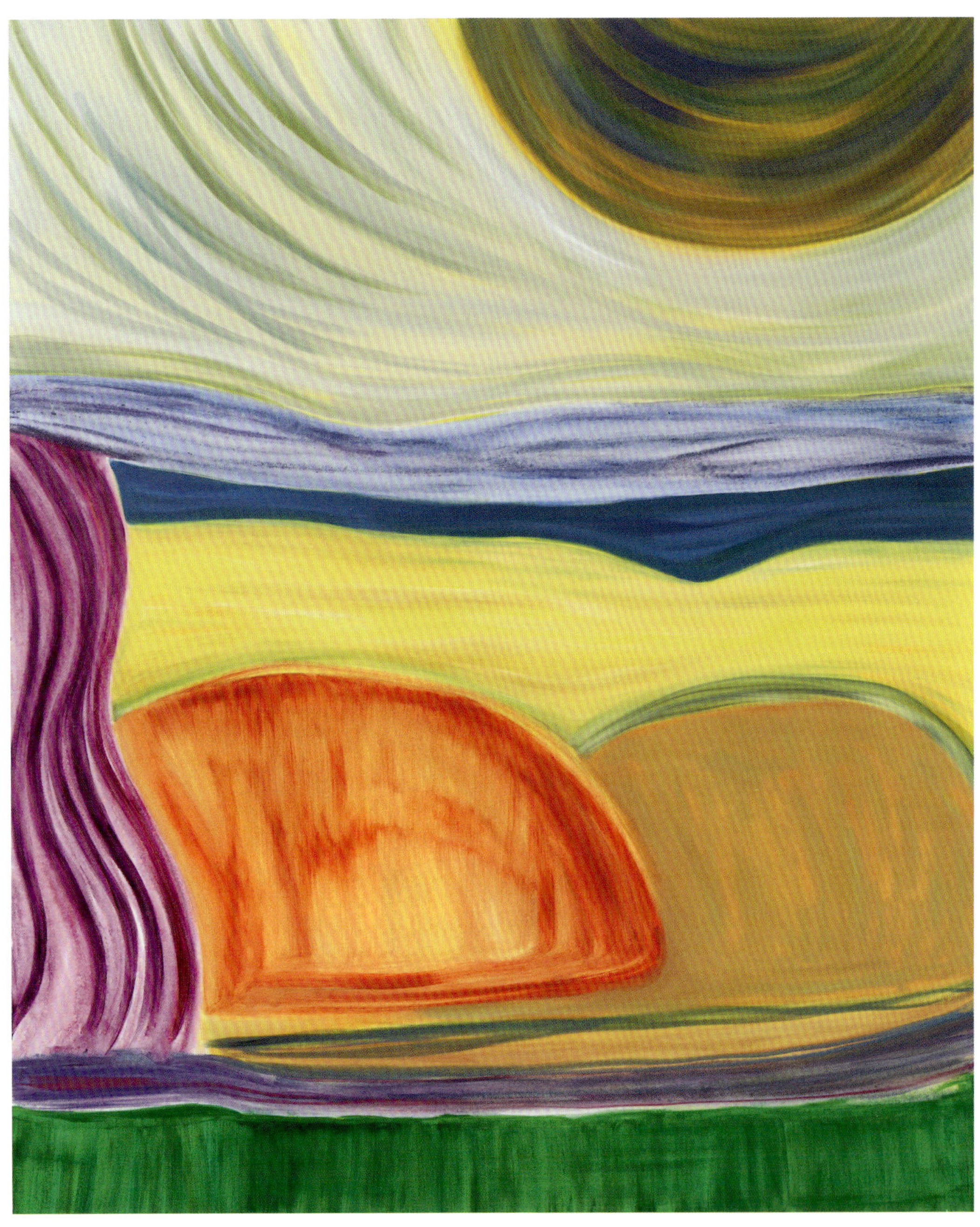

Untitled, 2021. Oil on canvas. 170 × 136 cm

Sem título, 2021. Óleo sobre tela. 170 × 136 cm

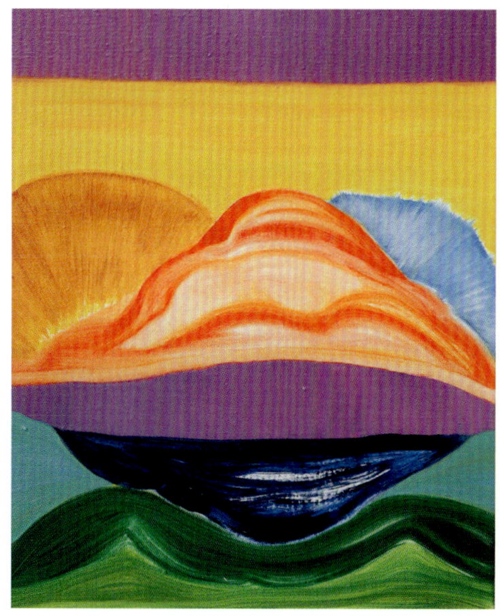

Untitled, 2021. Oil on canvas. 50 × 40 cm

Sem título, 2021. Óleo sobre tela. 50 × 40 cm

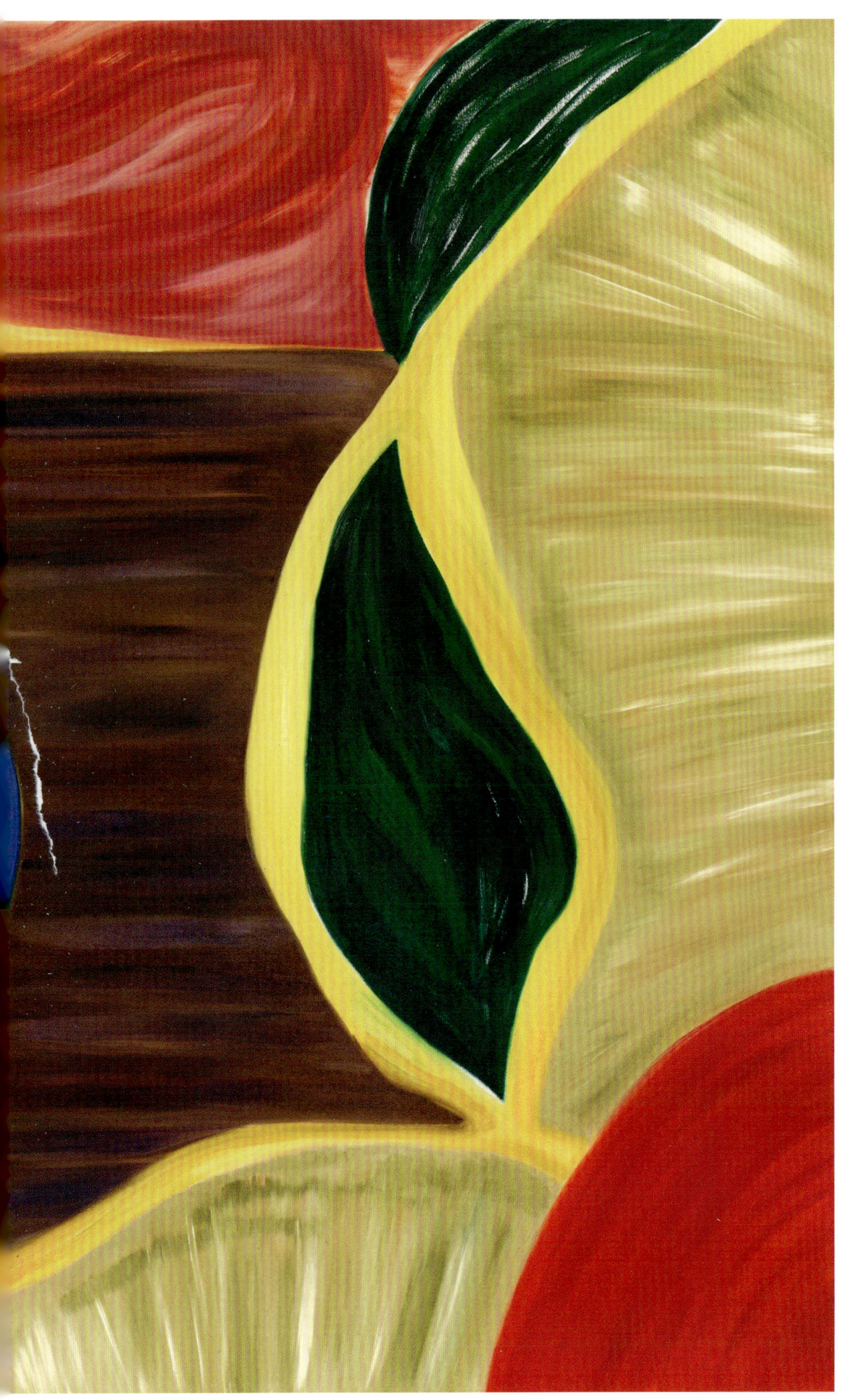

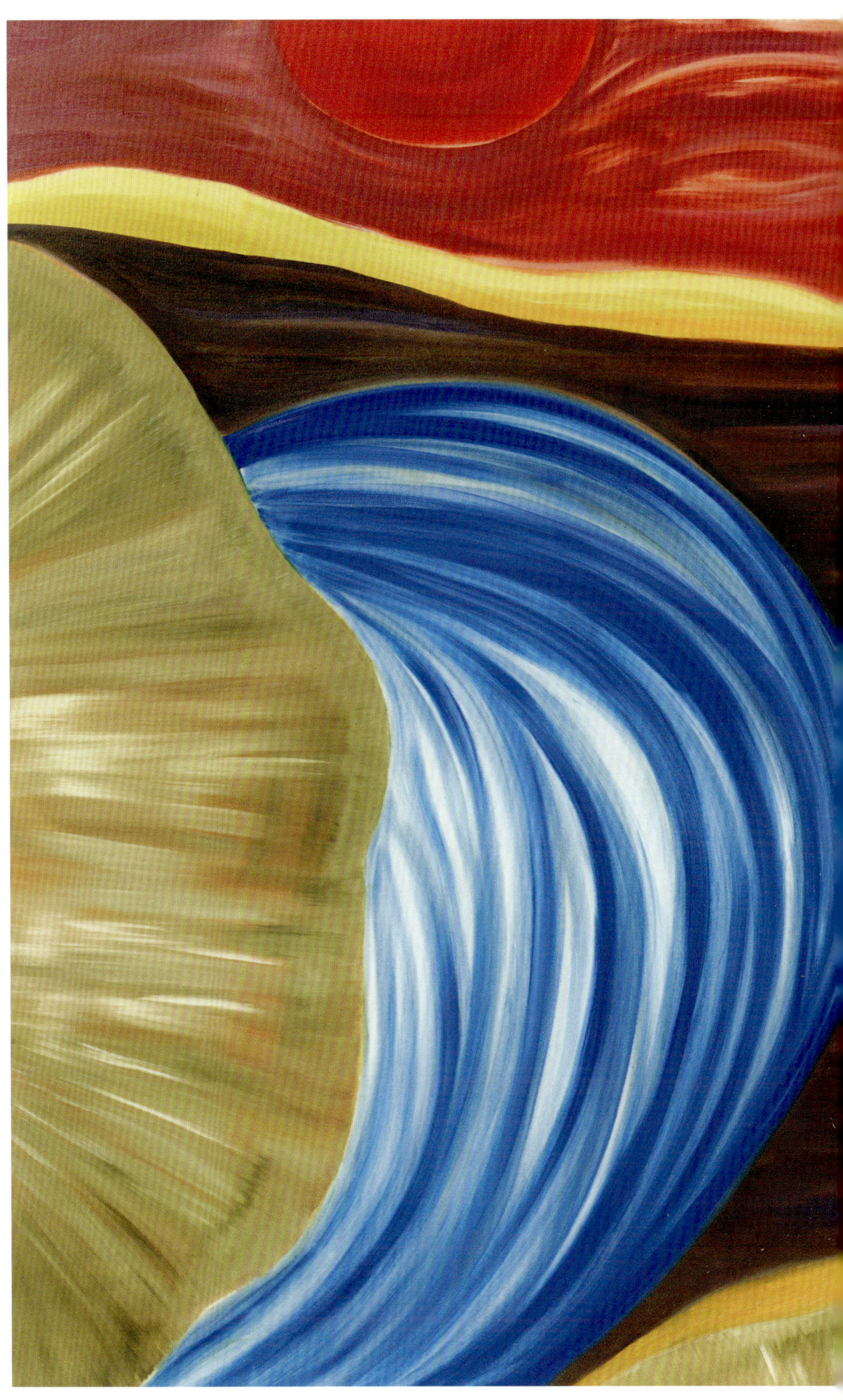

Untitled, 2021. Oil on canvas. 200 × 246.5 cm

Sem título, 2021. Óleo sobre tela. 200 × 246.5 cm

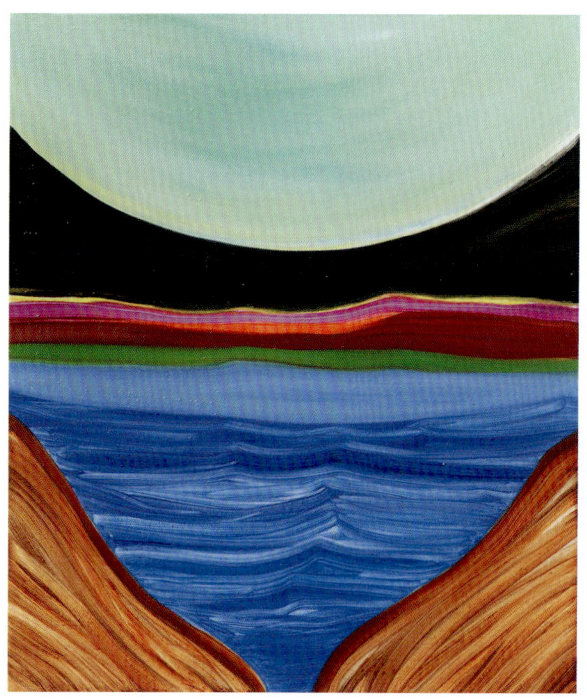

Untitled, 2021. Oil on canvas. 60 × 50 cm

Sem título, 2021. Óleo sobre tela. 60 × 50 cm

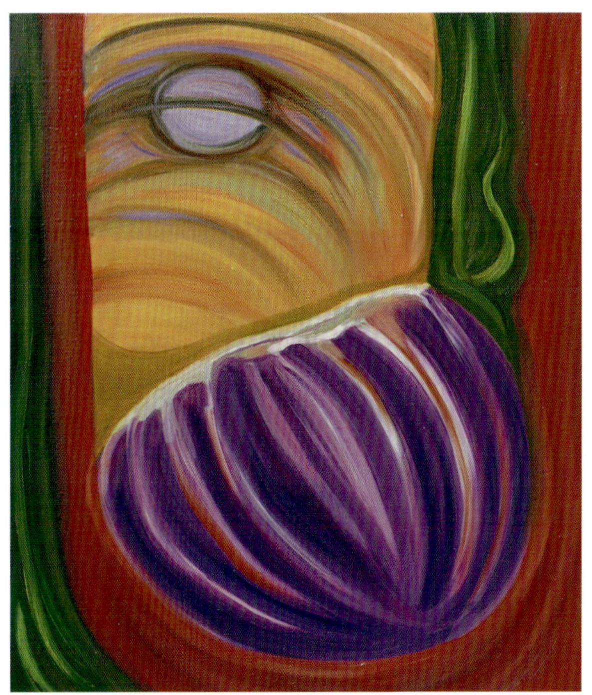

Untitled, 2021. Oil on canvas. 60 × 50 cm

Sem título, 2021. Óleo sobre tela. 60 × 50 cm

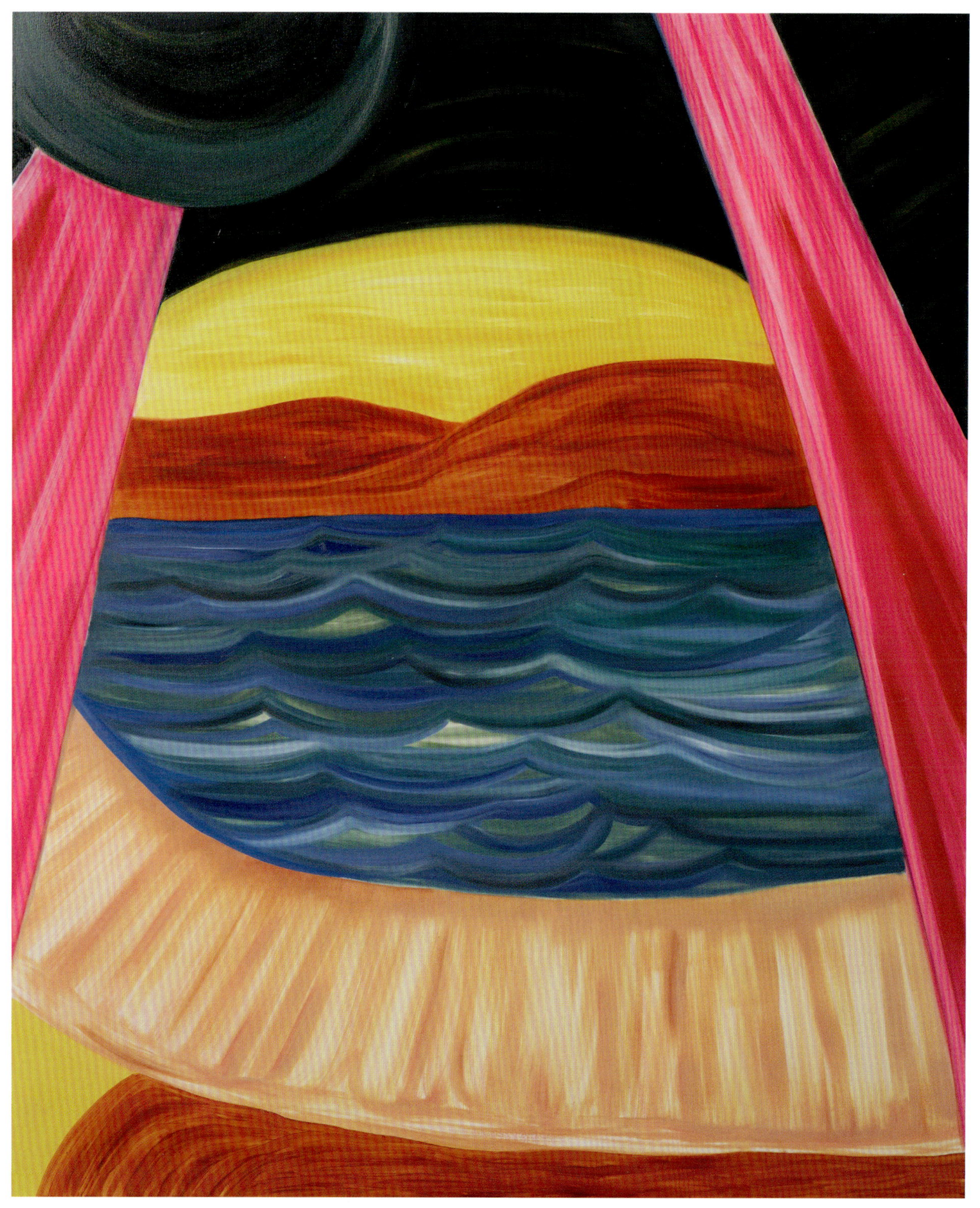

Untitled, 2021. Oil on canvas. 200 × 160 cm

Sem título, 2021. Óleo sobre tela. 200 × 160 cm

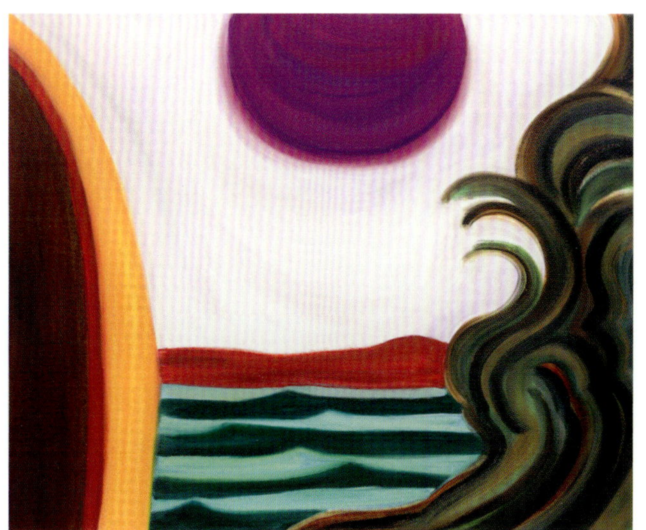

Untitled, 2021. Oil on canvas. 50 × 70 cm

Sem título, 2021. Óleo sobre tela. 50 × 70 cm

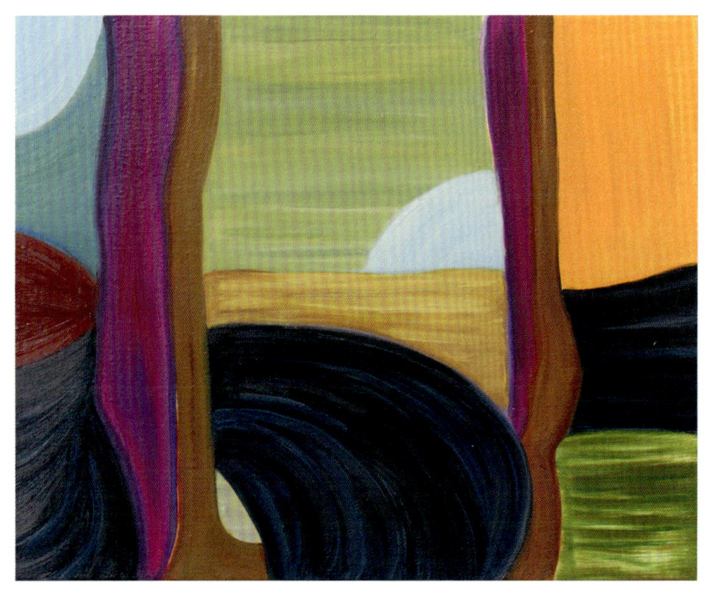

Untitled, 2021. Oil on canvas. 50 × 60 cm

Sem título, 2021. Óleo sobre tela. 50 × 60 cm

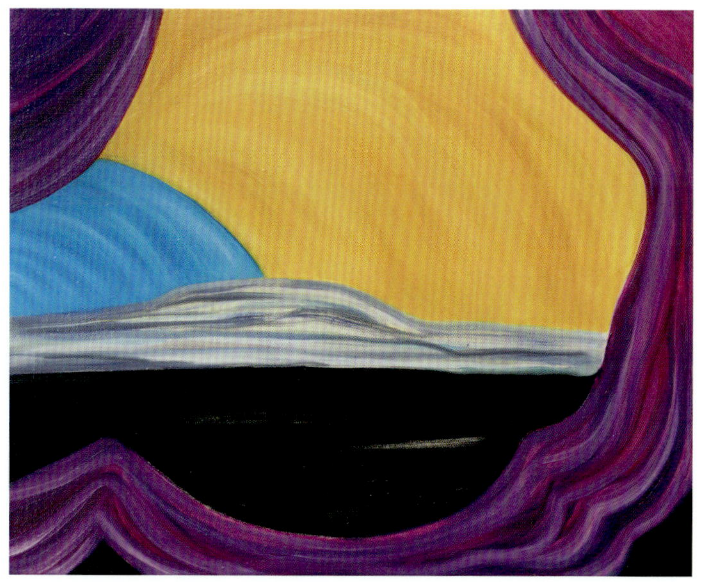

Untitled, 2021. Oil on canvas. 50 × 60 cm

Sem título, 2021. Óleo sobre tela. 50 × 60 cm

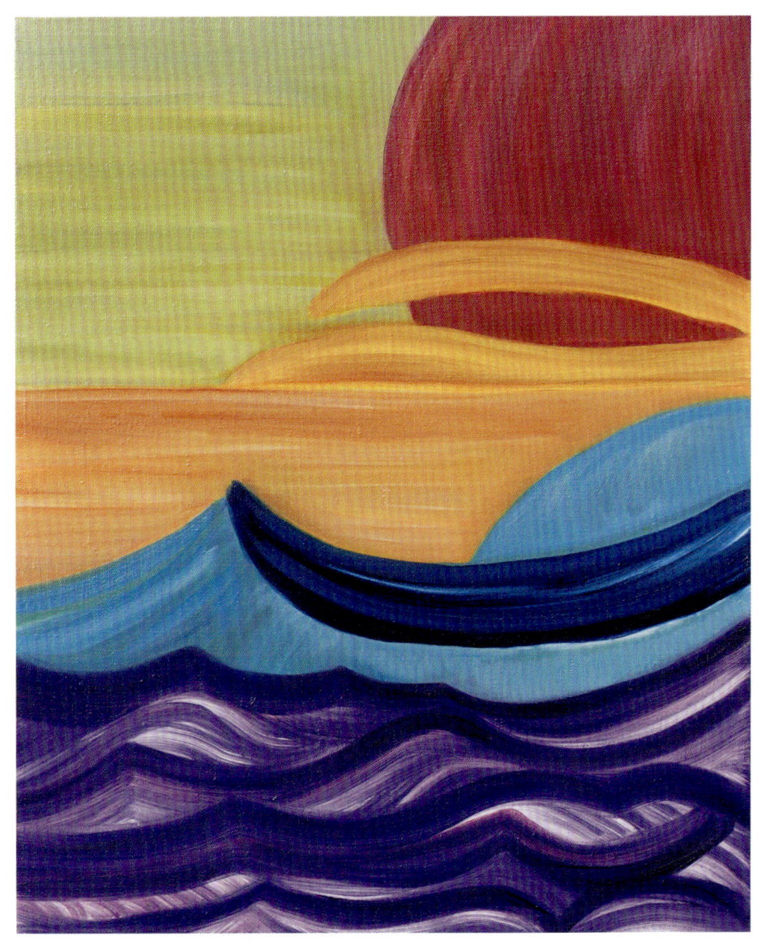

Untitled, 2021. Oil on canvas. 50 × 40 cm

Sem título, 2021. Óleo sobre tela. 50 × 40 cm

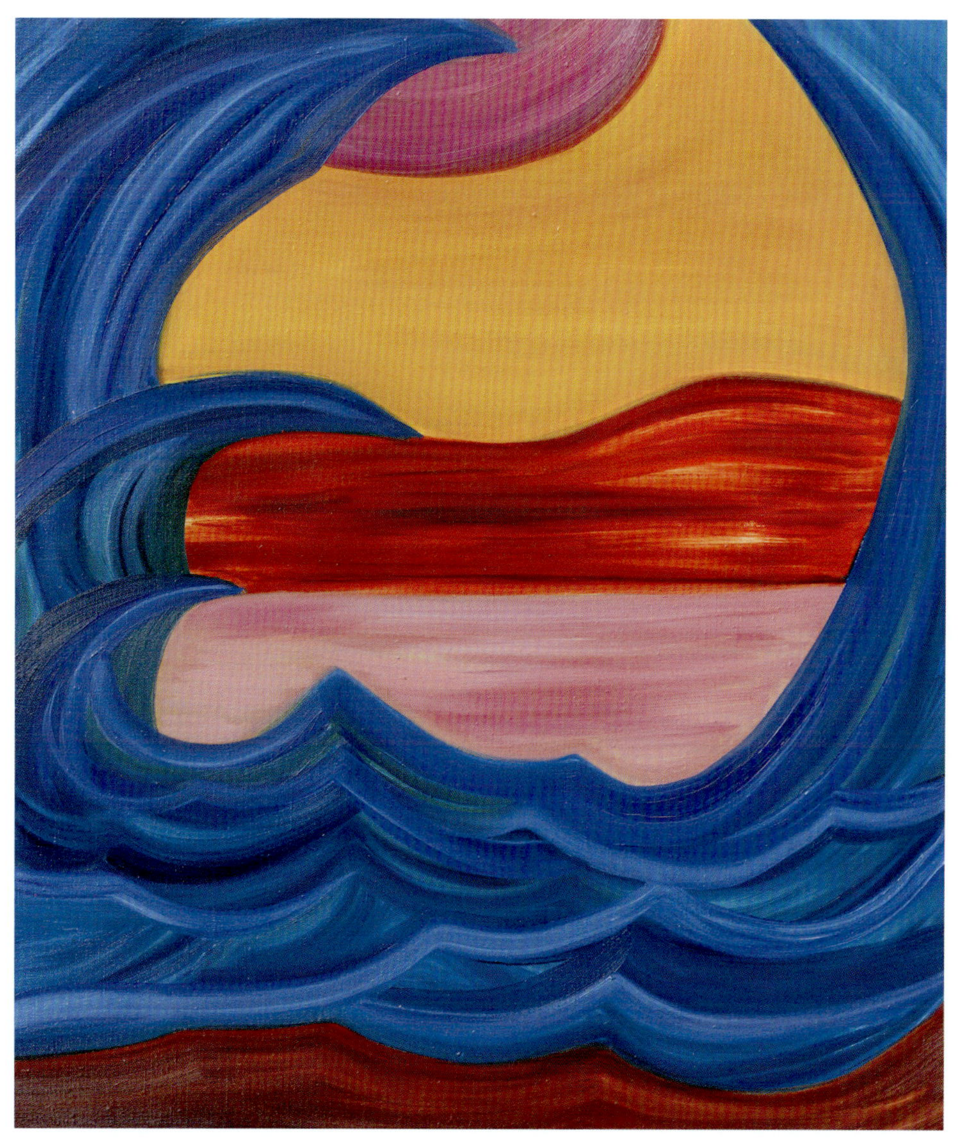

Untitled, 2021. Oil on canvas. 60 × 50 cm

Sem título, 2021. Óleo sobre tela. 60 × 50 cm

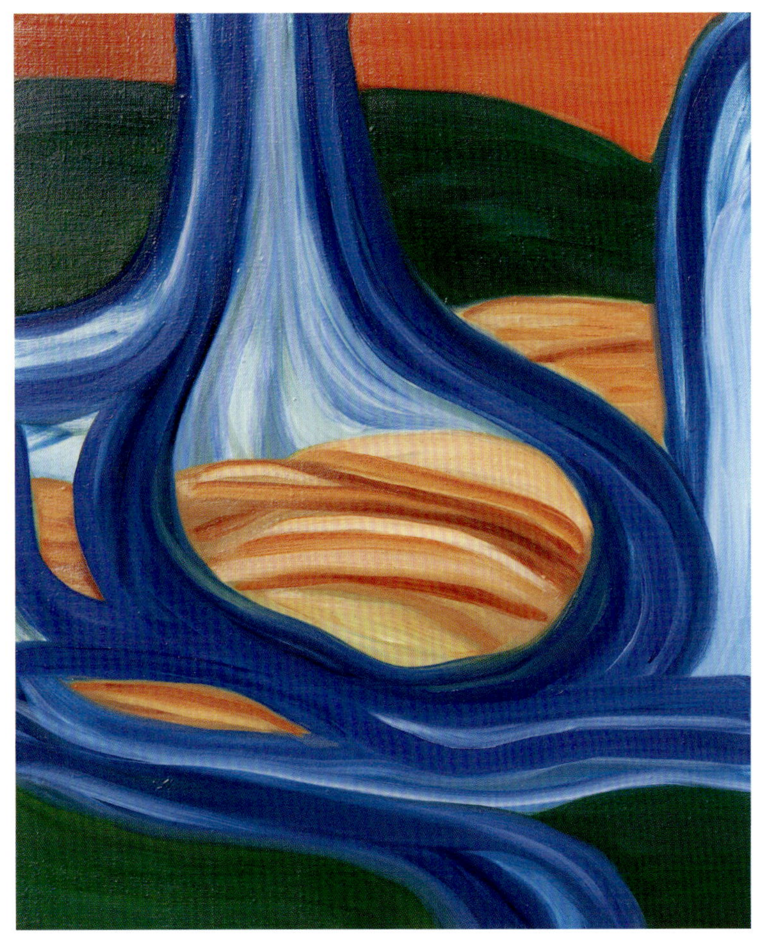

Untitled, 2021. Oil on canvas. 50 × 40 cm

Sem título, 2021. Óleo sobre tela. 50 × 40 cm

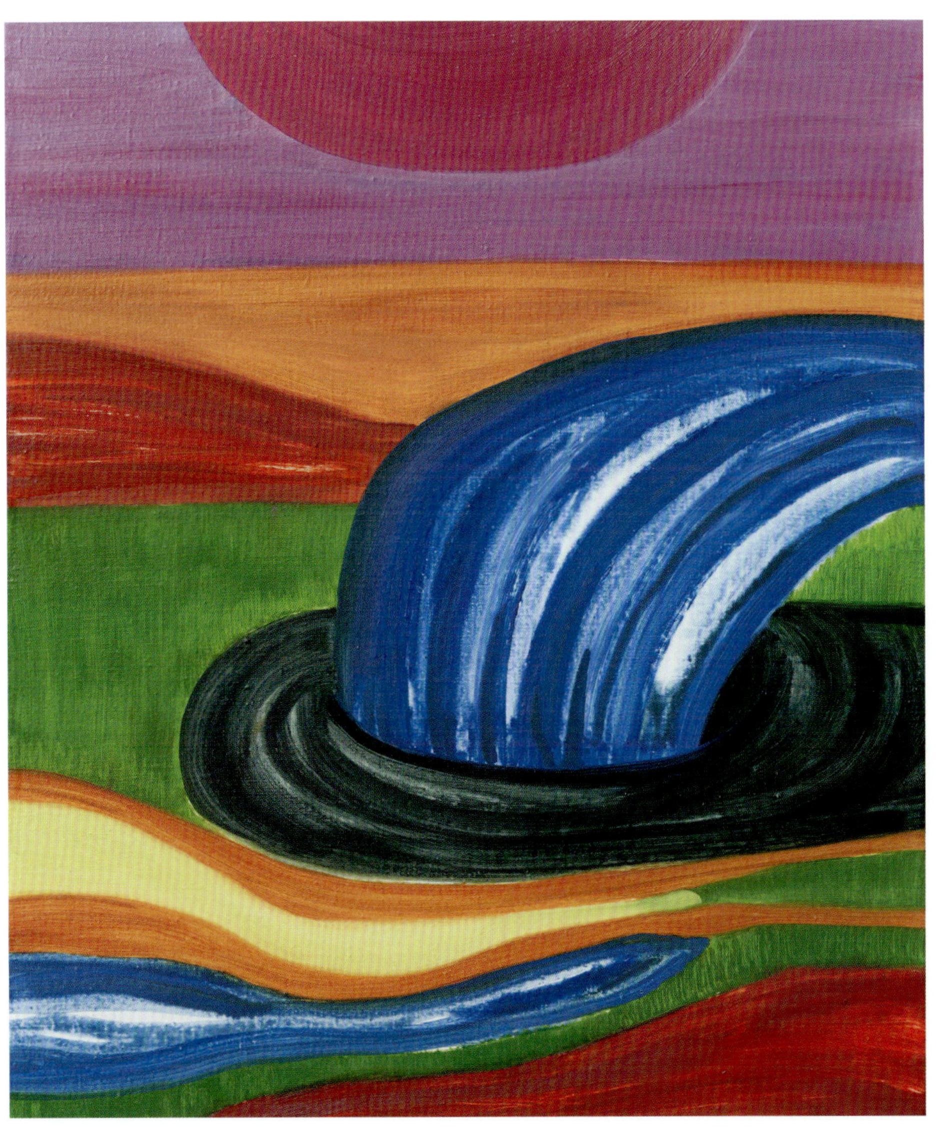

Untitled, 2021. Oil on canvas. 60 × 50 cm

Sem título, 2021. Óleo sobre tela. 60 × 50 cm

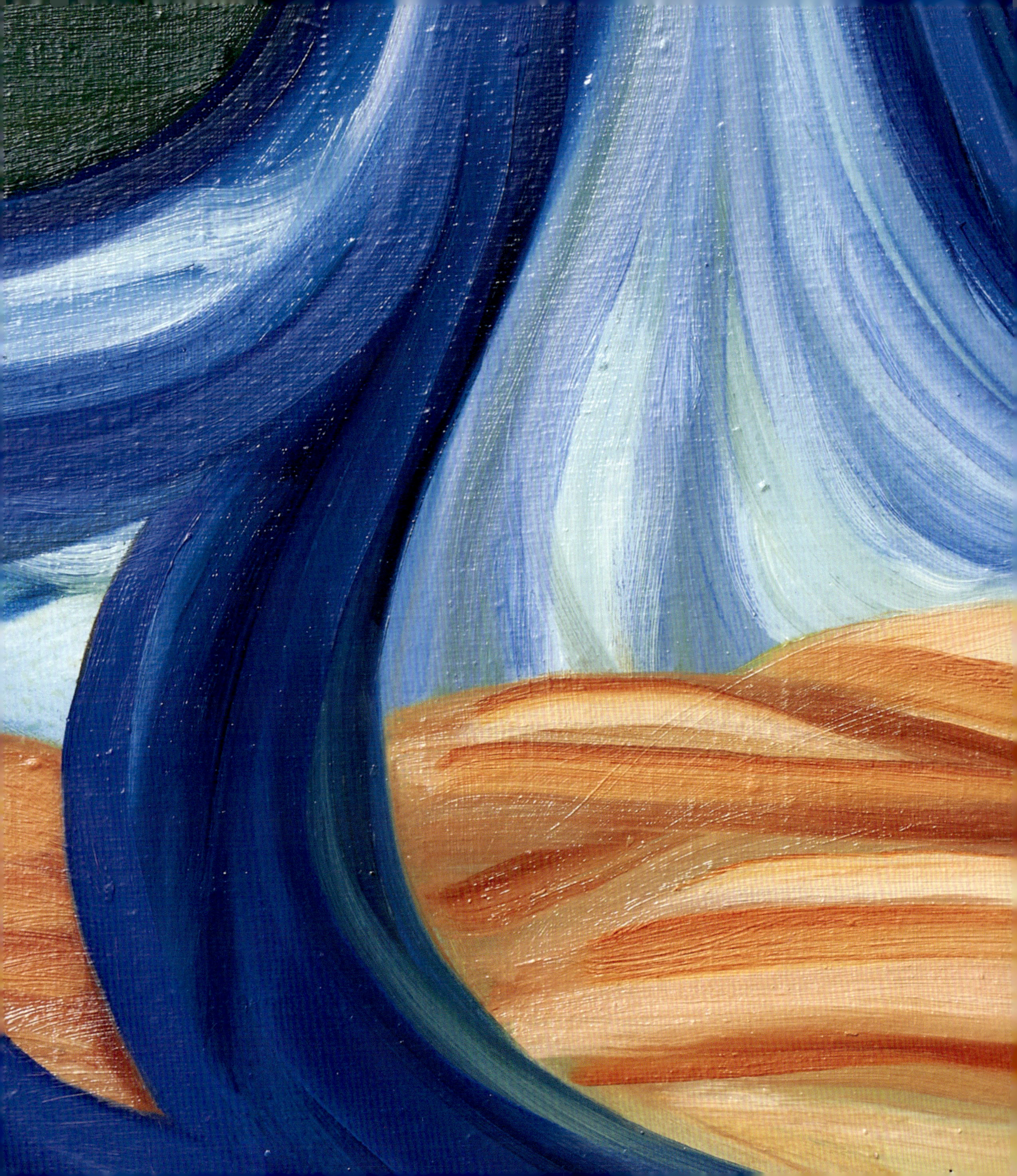

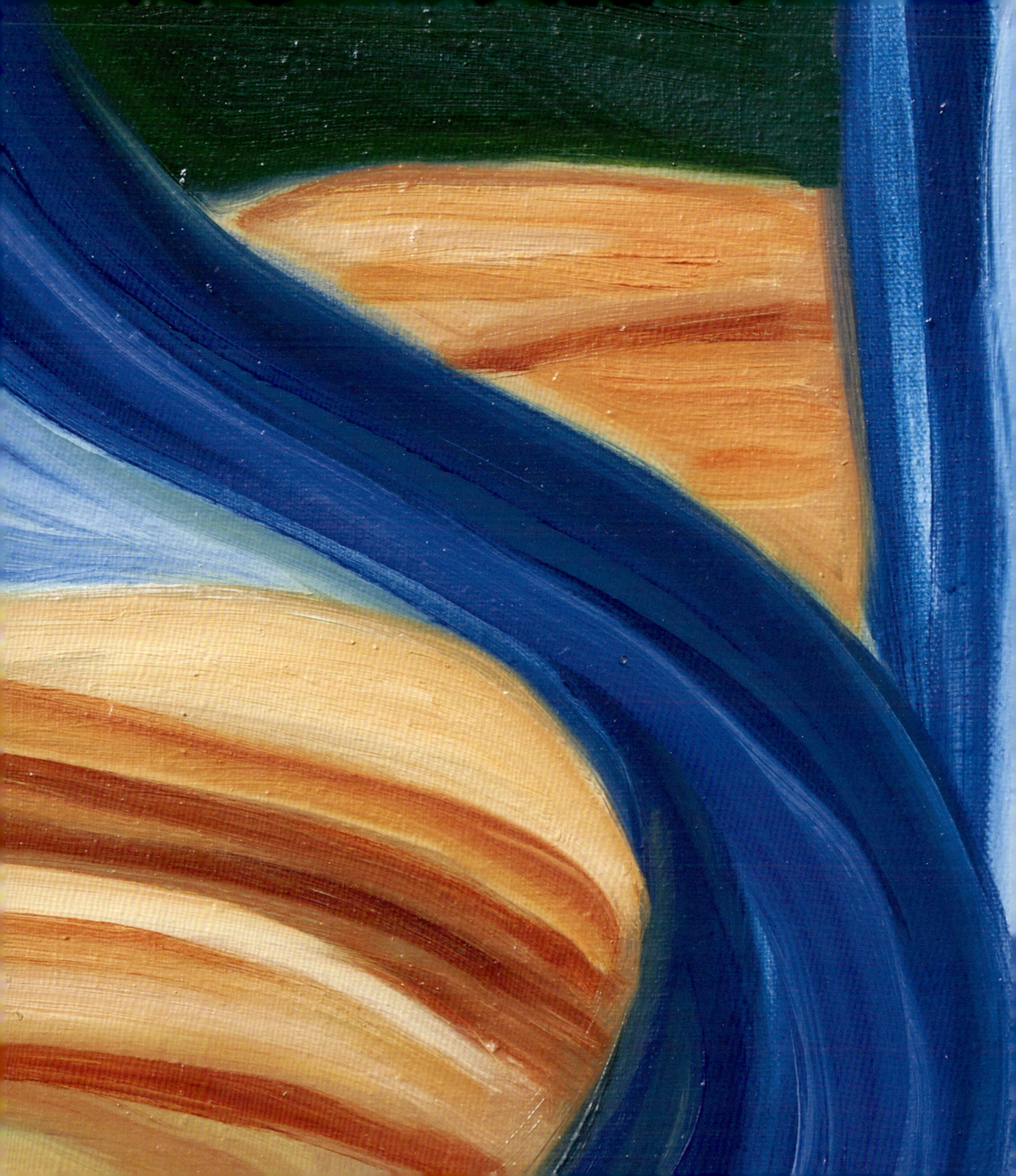

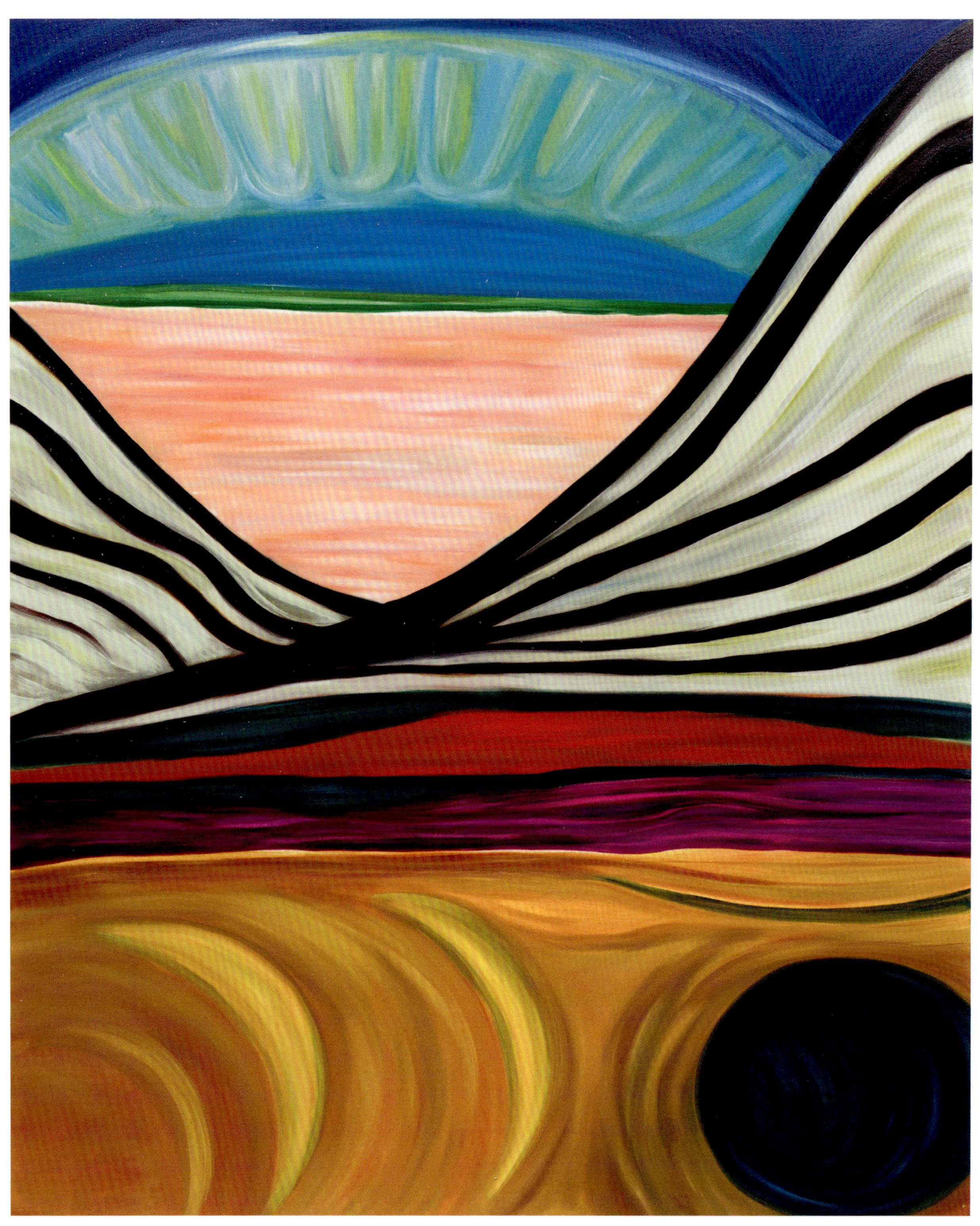

Untitled, 2021. Oil on canvas. 200 × 160 cm

Sem título, 2021. Óleo sobre tela. 200 × 160 cm

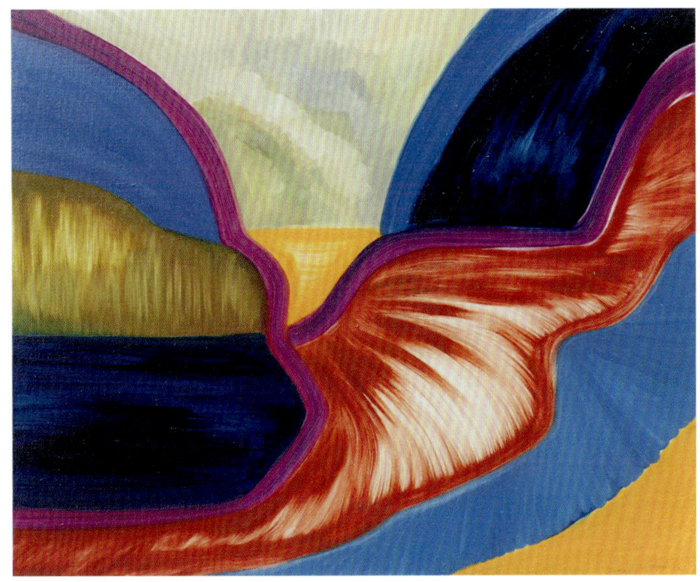

Untitled, 2021. Oil on canvas. 50 × 60 cm

Sem título, 2021. Óleo sobre tela. 50 × 60 cm

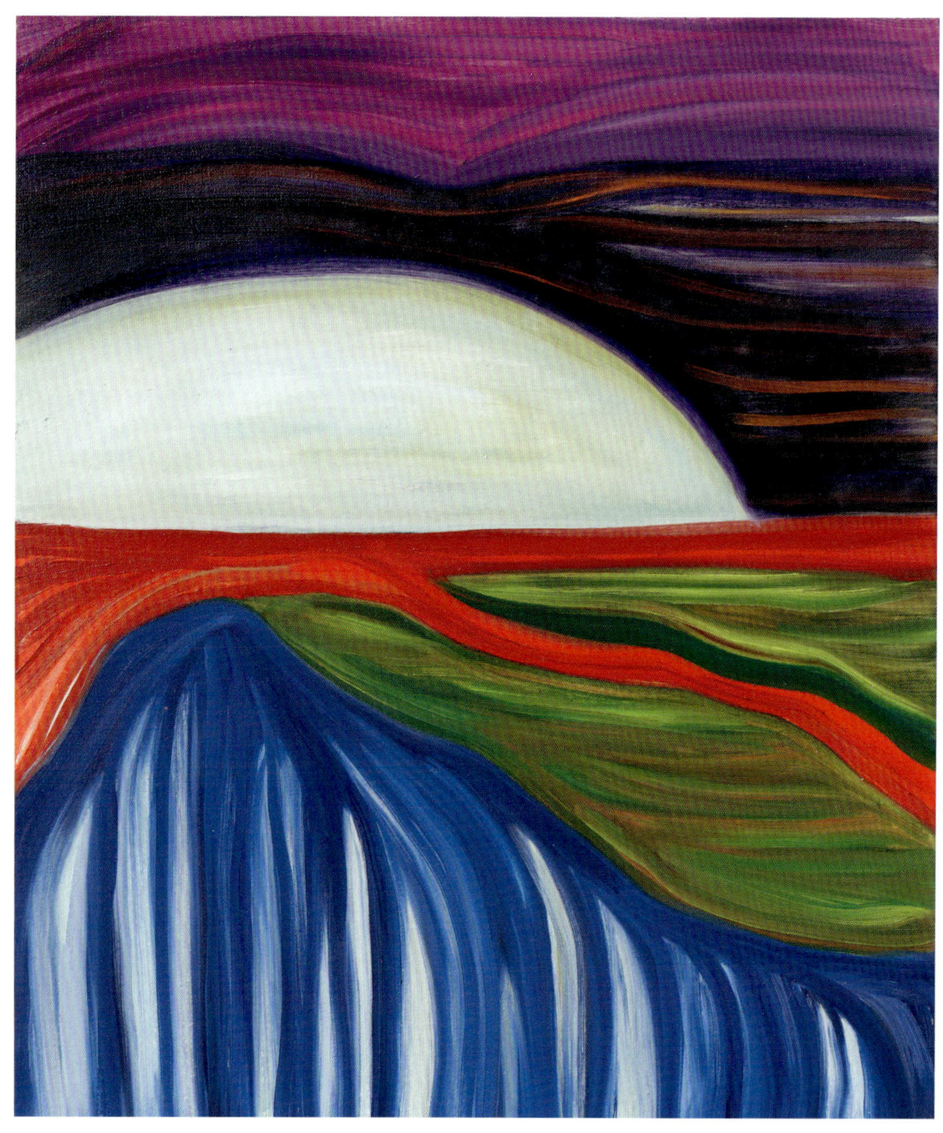

Untitled, 2021. Oil on canvas. 60 × 50 cm

Sem título, 2021. Óleo sobre tela. 60 × 50 cm

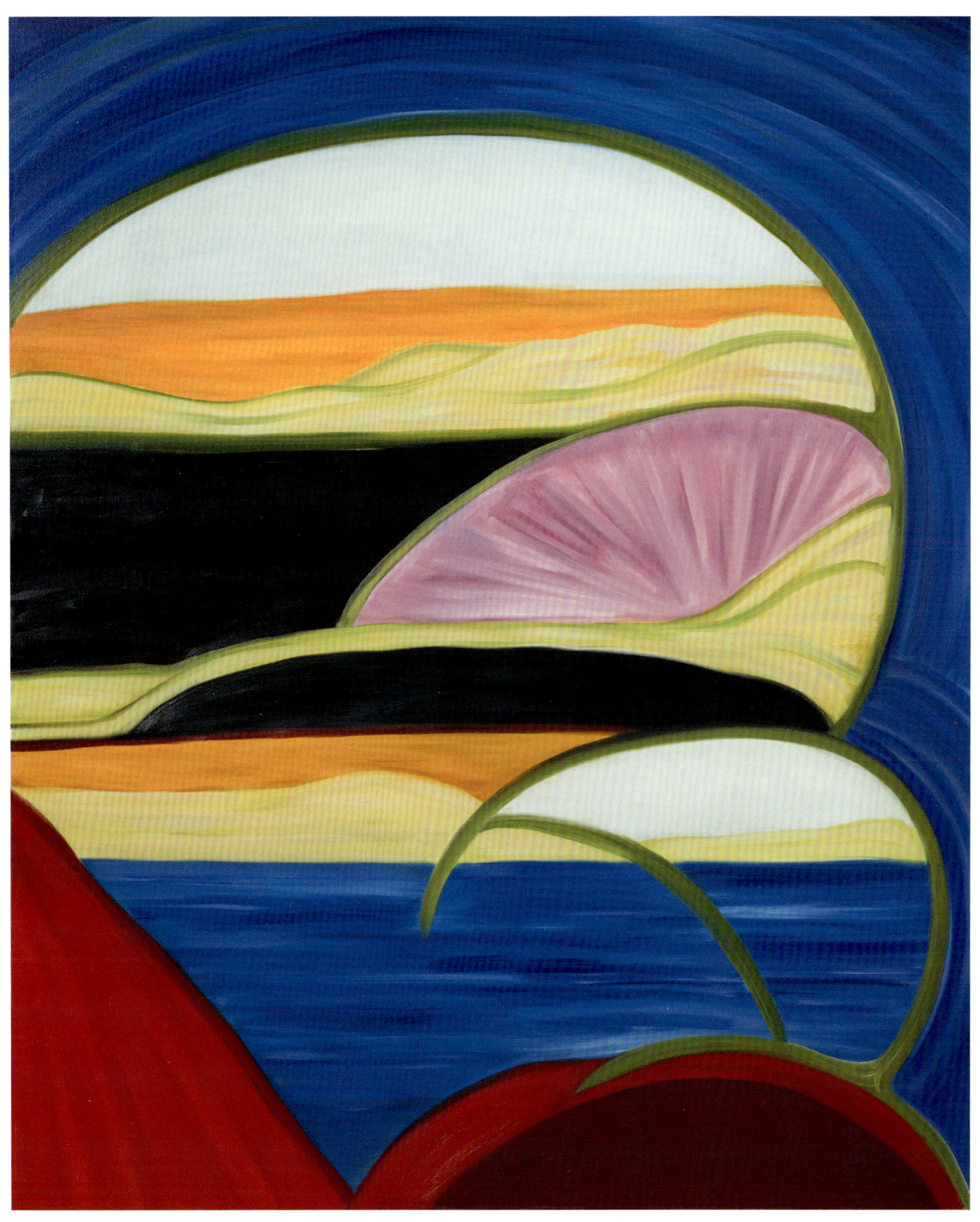

Untitled, 2021. Oil on canvas. 200 × 160 cm

Sem título, 2021. Óleo sobre tela. 200 × 160 cm

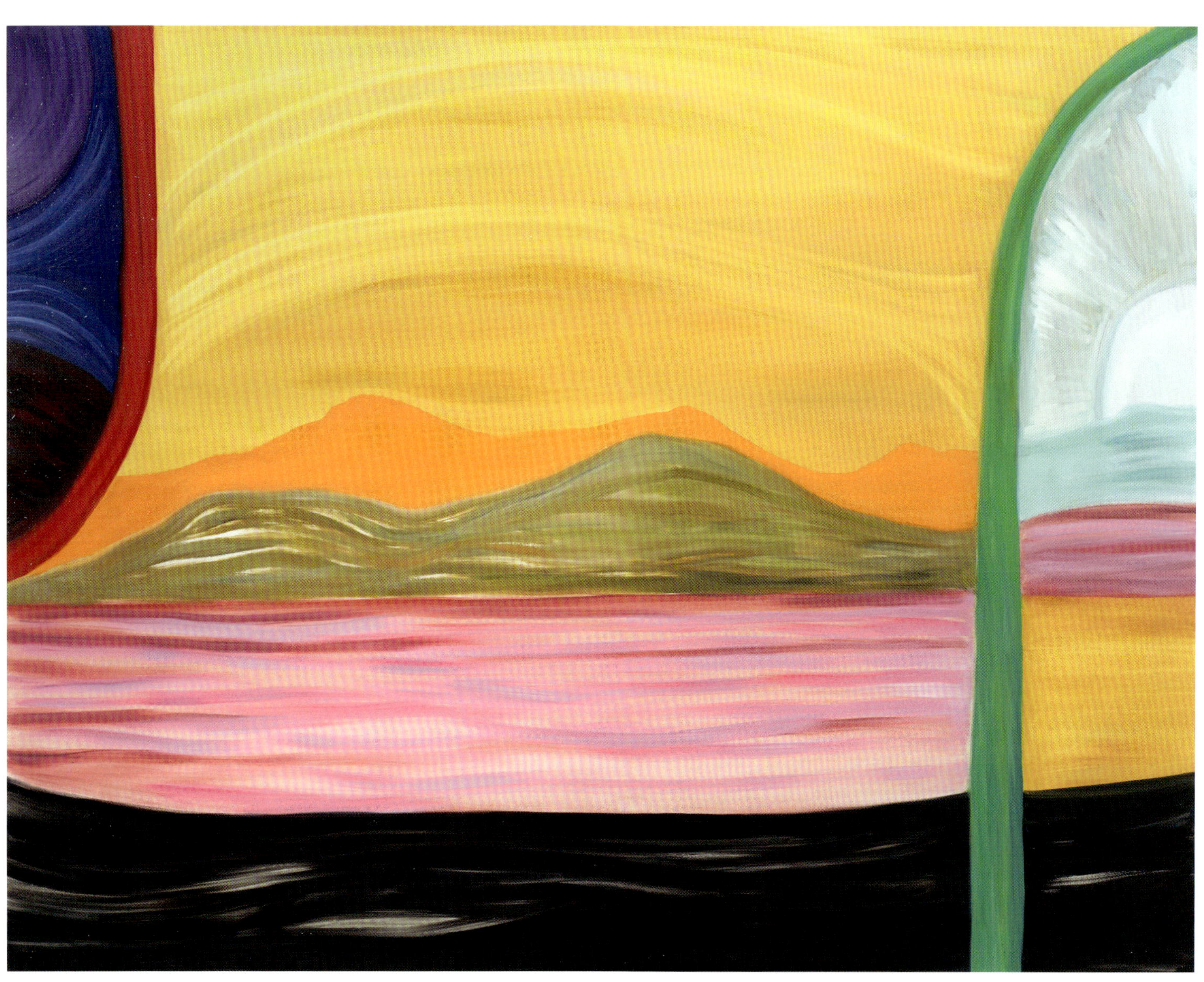

Untitled, 2021. Oil on canvas. 160 × 200 cm

Sem título, 2021. Óleo sobre tela. 160 × 200 cm

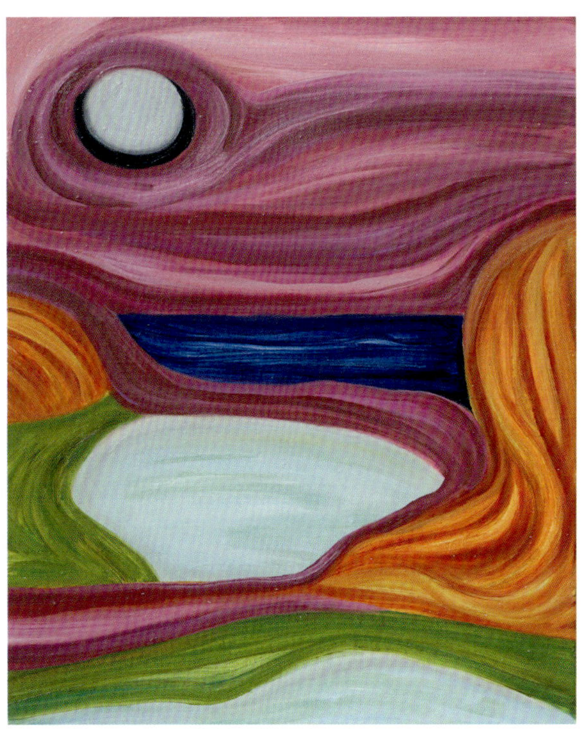

Untitled, 2021. Oil on canvas. 50 × 40 cm

Sem título, 2021. Óleo sobre tela. 50 × 40 cm

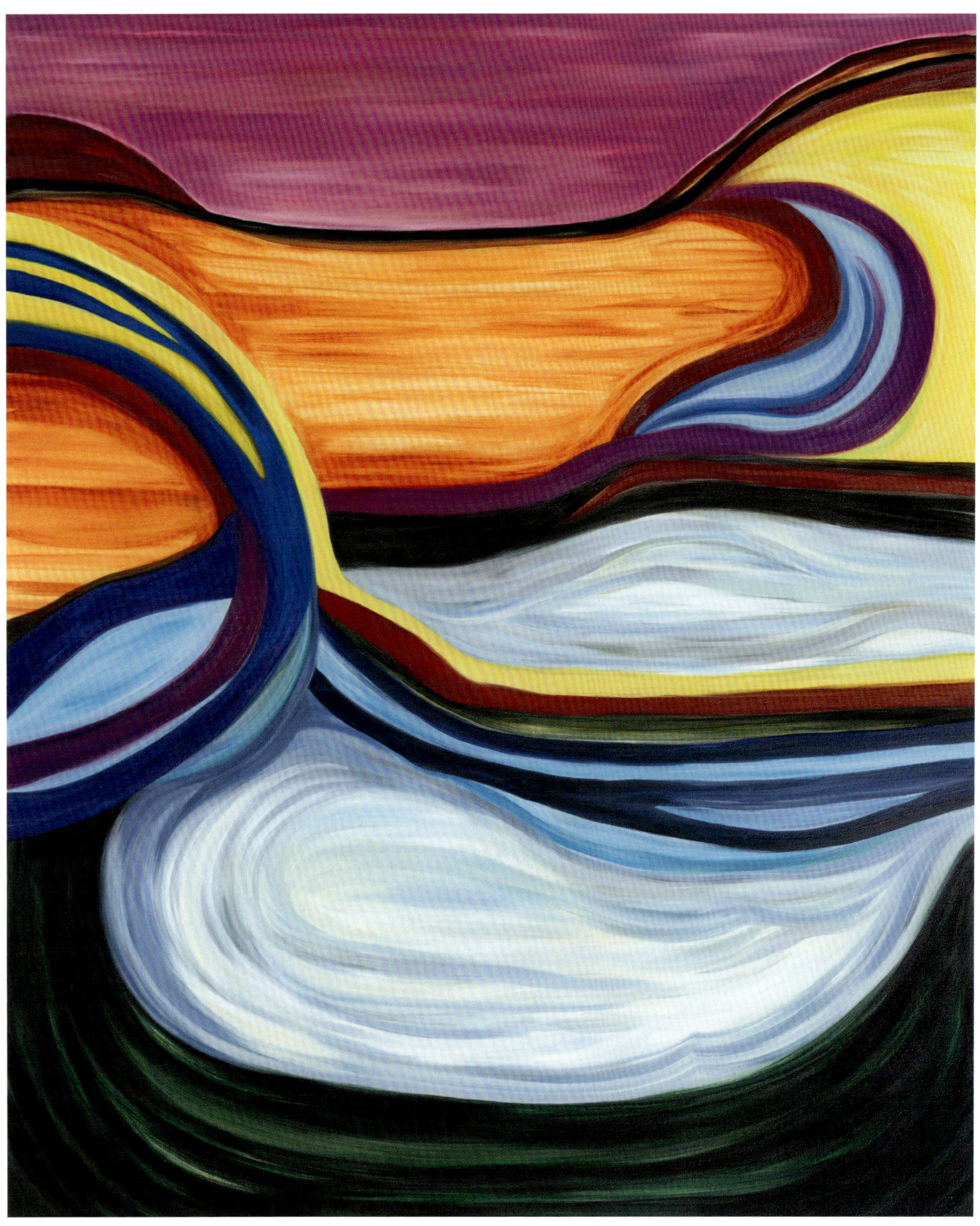

Untitled, 2021. Oil on canvas. 200 × 160 cm

Sem título, 2021. Óleo sobre tela. 200 × 160 cm

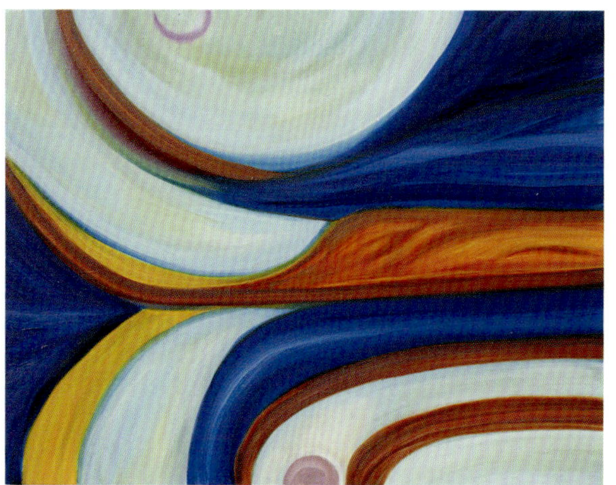

Untitled, 2021. Oil on canvas. 40 × 50 cm

Sem título, 2021. Óleo sobre tela. 40 × 50 cm

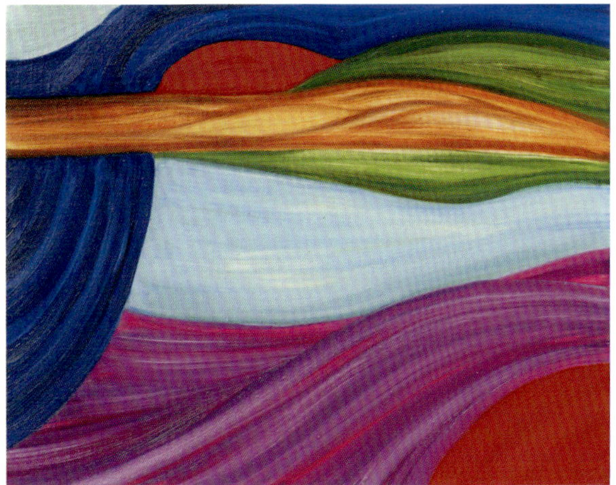

Untitled, 2021. Oil on canvas. 40 × 50 cm

Sem título, 2021. Óleo sobre tela. 40 × 50 cm

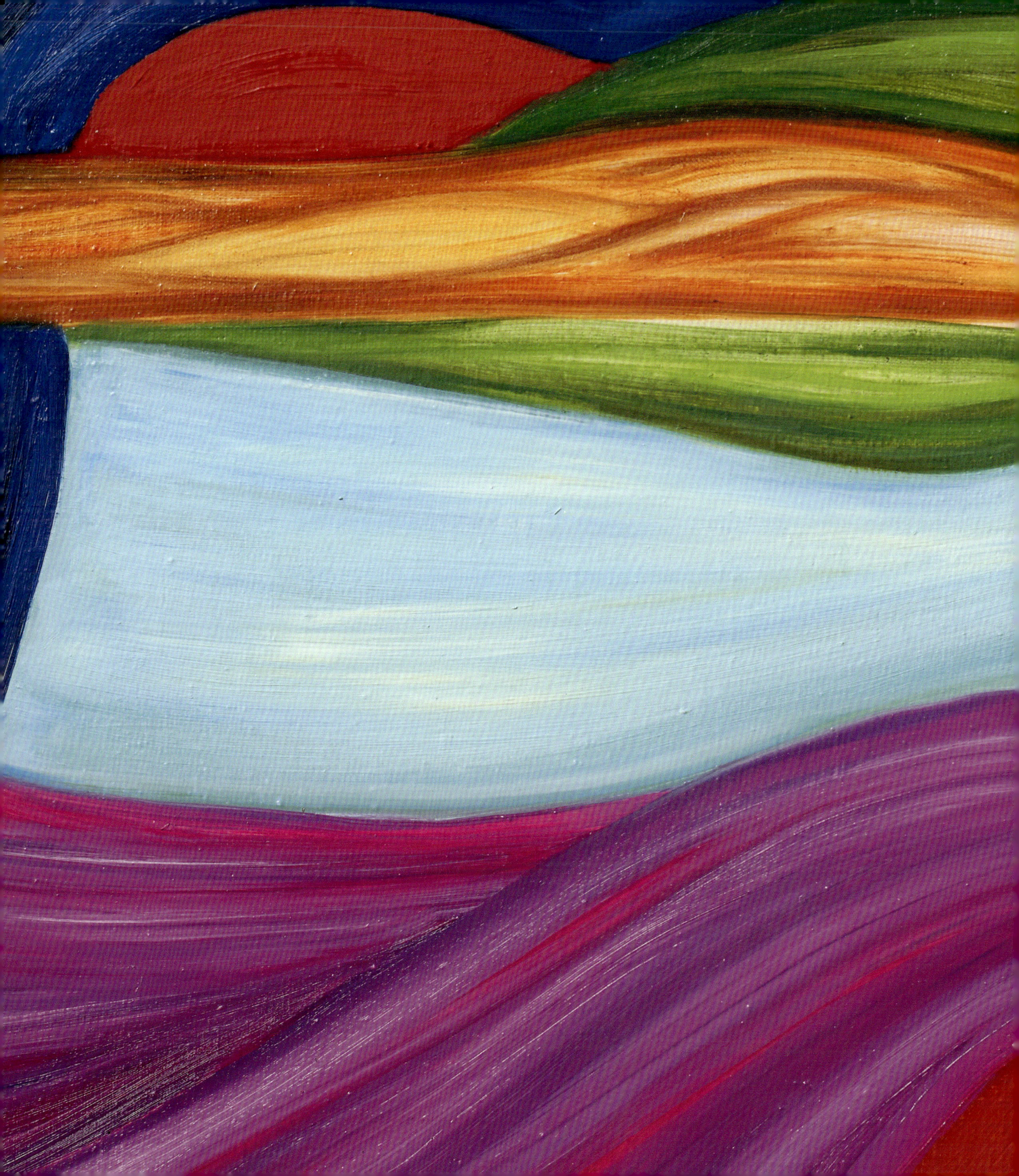

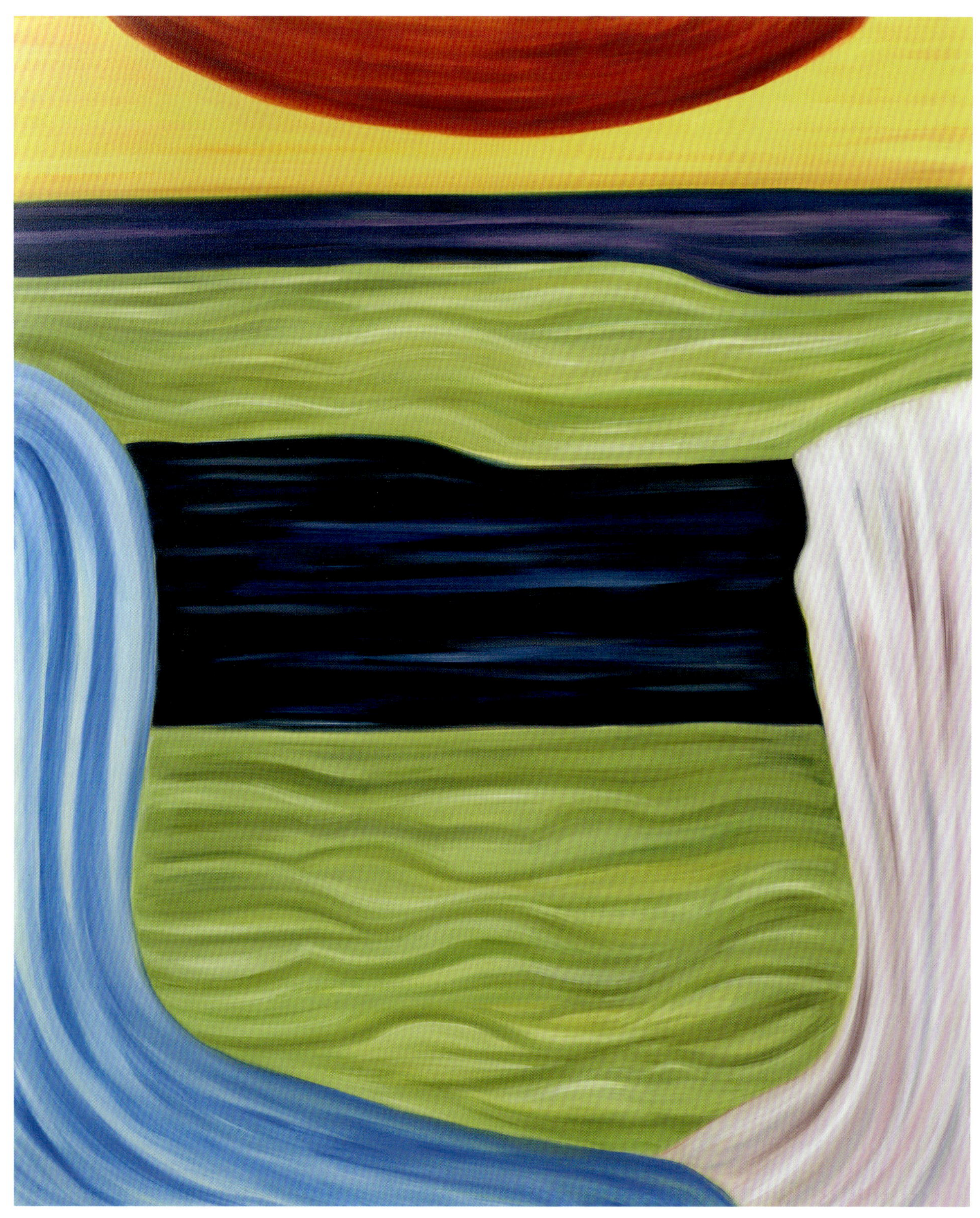

Untitled, 2021. Oil on canvas. 200 × 160 cm

Sem título, 2021. Óleo sobre tela. 200 × 160 cm

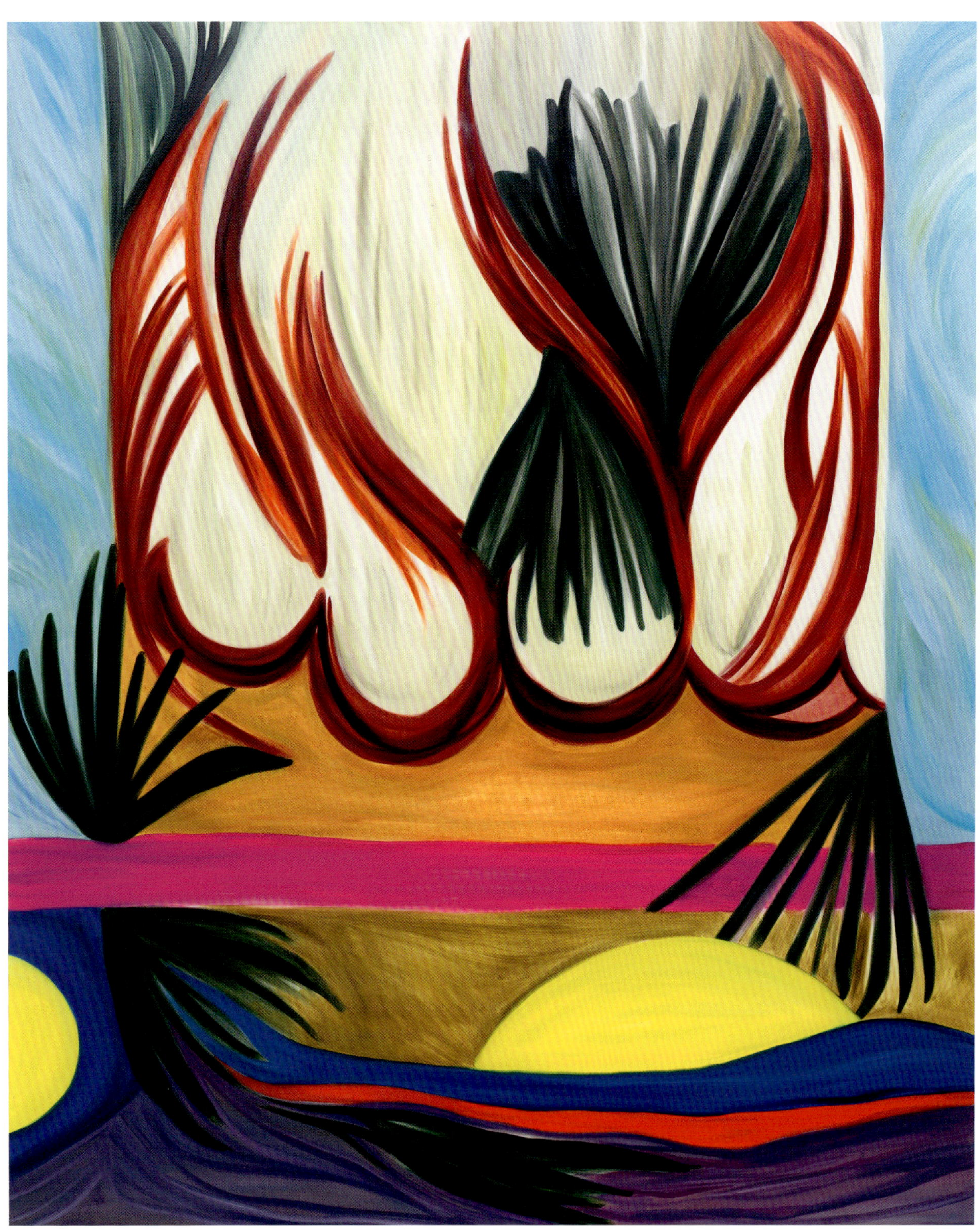

Untitled, 2021. Oil on canvas. 200 × 160 cm

Sem título, 2021. Óleo sobre tela. 200 × 160 cm

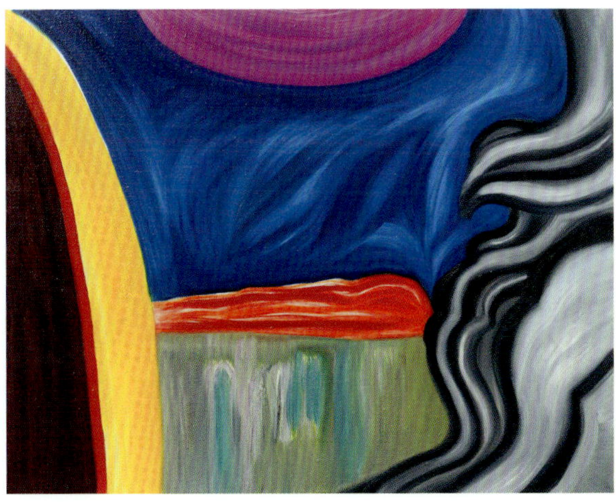

Untitled, 2021. Oil on canvas. 40 × 50 cm

Sem título, 2021. Óleo sobre tela. 40 × 50 cm

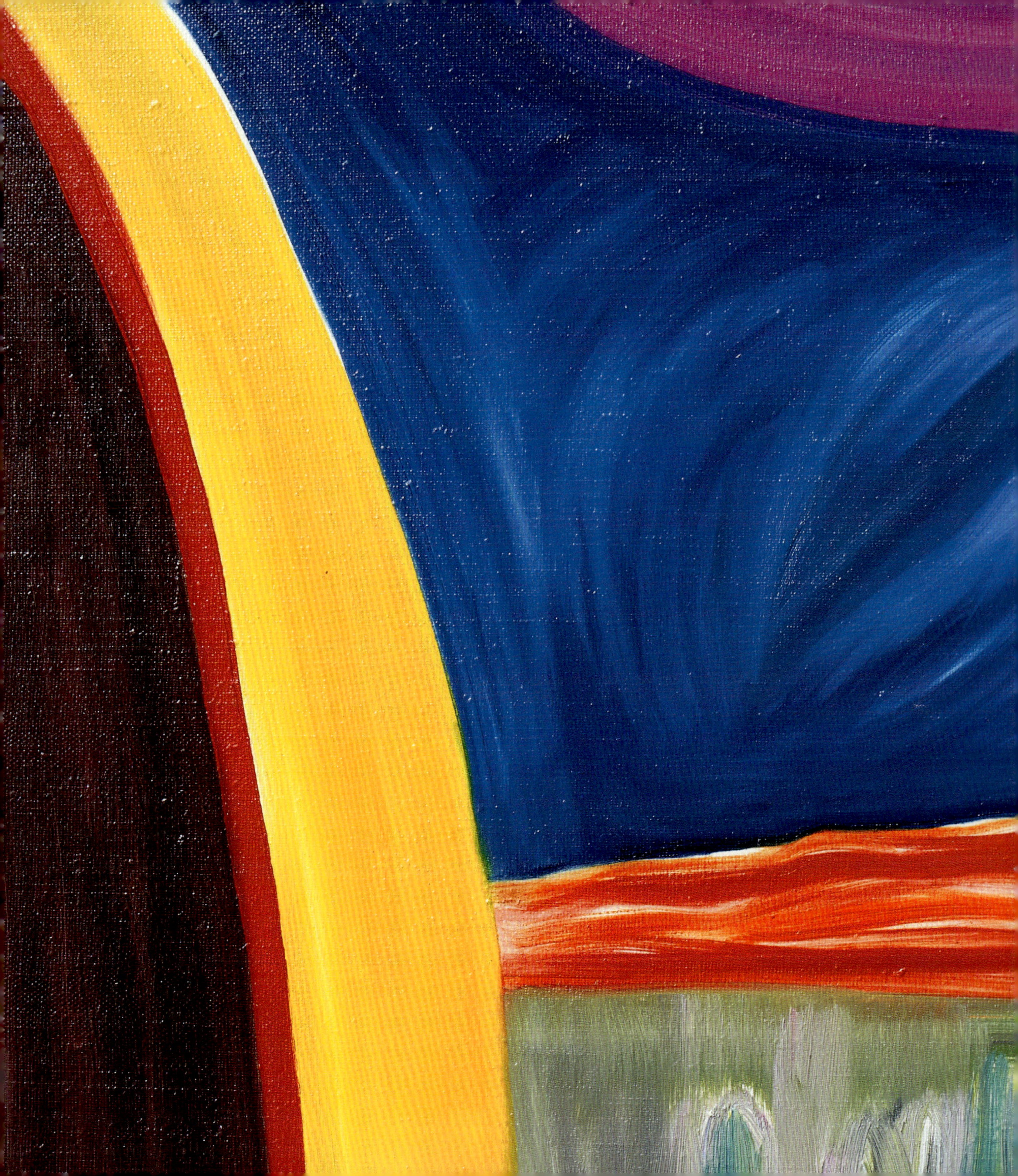

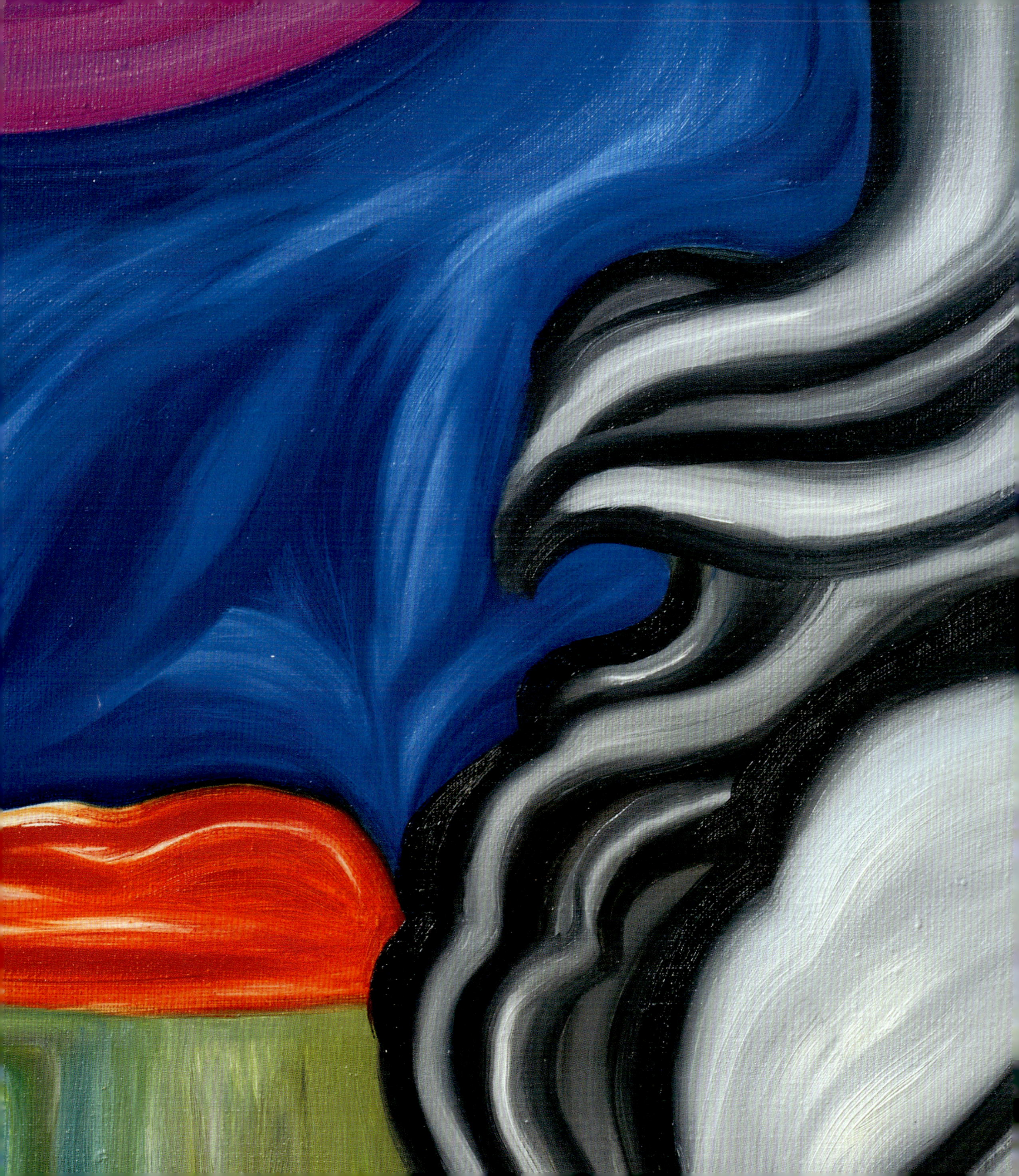

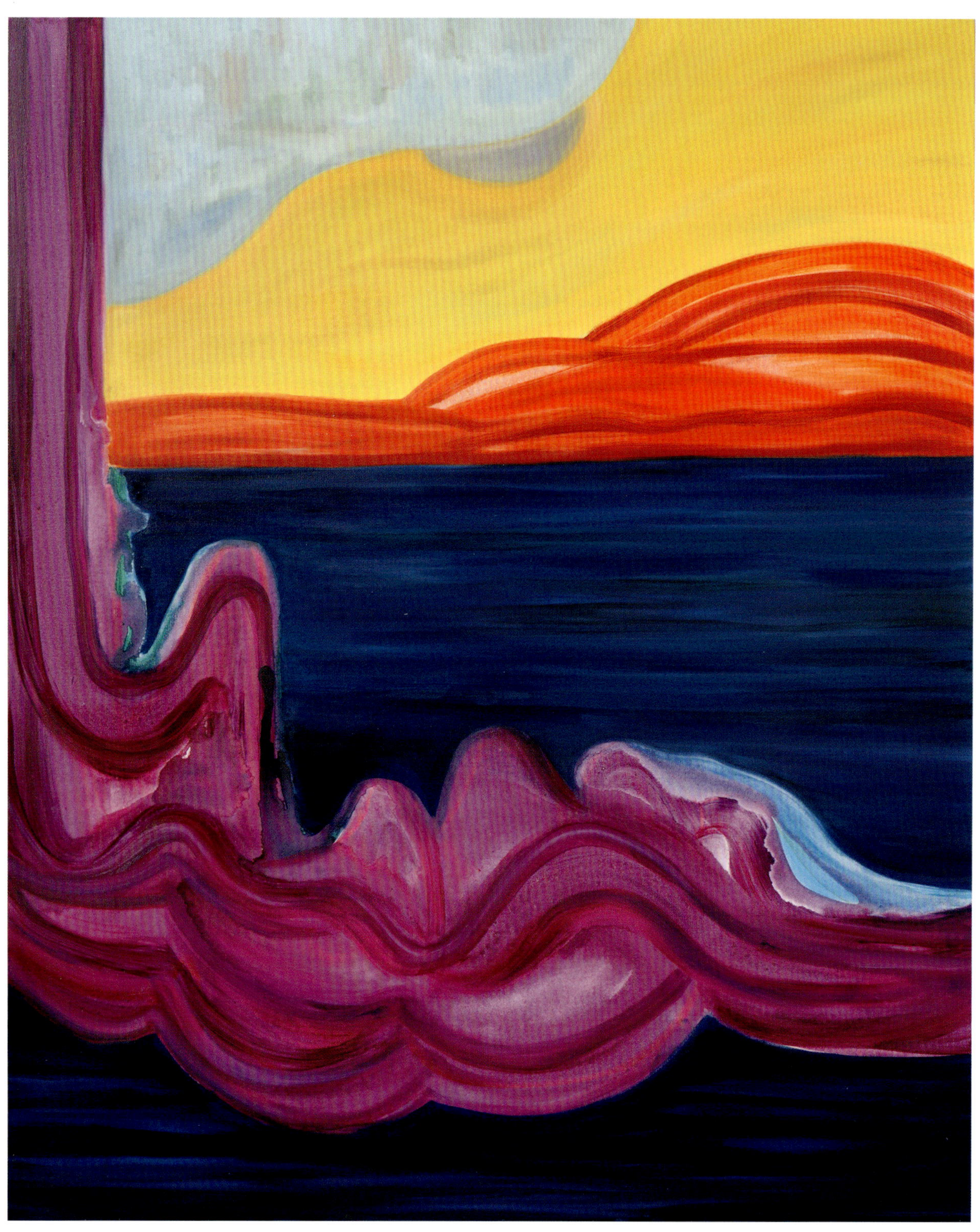

Untitled, 2021. Oil on canvas. 200 × 160 cm

Sem título, 2021. Óleo sobre tela. 200 × 160 cm

Collection and Image Credits
Crédito das imagens

All images, unless otherwise stated, courtesy of the artist and Mendes Wood DM, São Paulo, Brussels and New York. Copyright the artist.

Todas as imagens são cortesia da artista e de Mendes Wood DM, São Paulo, Bruxelas e Nova York. Copyright da artista.

4–5
Pedro Mendes Collection
Photo *Foto*: Bruno Leão

6
Photo *Foto*: Kristien Daem

7
Fairfax Dorn and
Marc Glimcher Collection
Photo *Foto*: Bruno Leão

9
Erika Klauer Collection
Photo *Foto*: Bruno Leão

10
University of Chicago Booth School of Business Collection
Photo *Foto*: Bruno Leão

11
Meredith Darrow Collection
Photo *Foto*: Bruno Leão

12–13
Pedro Mendes Collection
Photo *Foto*: Bruno Leão

14
Private Collection
Coleção privada
Photo *Foto*: Bruno Leão

15–17
Filipe Assis Collection
Photo *Foto*: Bruno Leão

18
James Maltz Collection
Photo *Foto*: Kristien Daem

19
Virginia and Daniel Weinberg Collection
Photo *Foto*: Bruno Leão

20
Hollander-Yehudi Collection
Photo *Foto*: Bruno Leão

21
Private Collection, Belgium
Coleção privada, Bélgica
Photo *Foto*: Bruno Leão

22
Private Collection
Coleção privada
Photo *Foto*: Bruno Leão

23
Photo *Foto*: Bruno Leão

24
Photo *Foto*: Bruno Leão

25
Isabela e Marcelo Ferro Collection
Photo *Foto*: Bruno Leão

26
Private Collection
Coleção privada
Photo *Foto*: Bruno Leão

27
Private Collection,
Coleção privada, New York
Photo *Foto*: Bruno Leão

28
Private Collection
Coleção privada
Photo *Foto*: Bruno Leão

31
Private Collection
Coleção privada
Photo *Foto*: Bruno Leão

32
Photo *Foto*: Bruno Leão

33–35
Private Collection, Geneva
Photo *Foto*: Bruno Leão

37
Private Collection
Coleção privada
Photo *Foto*: Bruno Leão

38
Private Collection
Coleção privada
Photo *Foto*: Bruno Leão

40
Private Collection
Coleção privada
Photo *Foto*: Bruno Leão

41
Private Collection, New York
Coleção privada, Nova Iorque
Photo *Foto*: Bruno Leão

43
Private Collection
Coleção privada
Photo *Foto*: Bruno Leão

44
Private Collection
Coleção privada
Photo *Foto*: Bruno Leão

46–47
Private Collection
Coleção privada
Photo *Foto*: Bruno Leão

48
The Ekard Collection
Photo *Foto*: Bruno Leão

49
Private Collection
Coleção privada
Photo *Foto*: Kristien Daem

50
Private Collection
Coleção privada
Photo *Foto*: Bruno Leão

51
Photo *Foto*: Bruno Leão

52
Private Collection
Coleção privada
Photo *Foto*: Bruno Leão

53
Private Collection
Coleção privada
Photo *Foto*: Kristien Daem

54
Samdani Art Foundation
Photo *Foto*: Bruno Leão

55
Elisa Estrada Collection
Photo *Foto*: Bruno Leão

56
Private Collection
Coleção privada
Photo *Foto*: Ana Pigosso

57
The Ekard Collection
Photo *Foto*: Bruno Leão

58
Private Collection, Geneva
Coleção privada, Genebra
Photo *Foto*: Ana Pigosso

61
Private Collection
Coleção privada
Photo *Foto*: Phoebe d'Heurle,
courtesy *cortesia* Pace Gallery

62
Private Collection
Coleção privada
Photo *Foto*: Bruno Leão

63
Evelia Collection
Photo *Foto*: Kristien Daem

64
Lizzie and Jonathan Honig Collection
Photo *Foto*: Ana Pigosso

66
Isa Genzken, *Oil* [Petróleo], 2007. Mixed media *mídia mista*. Dimensions variable *dimensões variadas*. Installation view *vista de instalação*. German Pavilion, *Pavilhão Alemão*. 52nd Venice Biennale 2007. Photo *Foto*: Jan Bitter. Courtesy *cortesia* Galerie Buchholz, Berlin/Cologne/New York. © VG Bild-Kunst, Bonn/AUTVIS, São Paulo

67
Tarsila do Amaral. *A Lua* [The Moon], 1928. Oil on canvas *Óleo sobre tela*. 110 × 110 cm. Museum of Modern Art, New York. Courtesy *cortesia* Instituto Tarsila do Amaral

69
Cinel Collection
Photo *Foto*: Everton Ballardin

70
Private Collection
Coleção privada
Photo *Foto*: Jonathan Nesteruk, courtesy *cortesia* Pace Gallery

71
Peter Paul Rubens. *The Exchange of Princesses at the Spanish Border* [A troca de princesas na fronteira espanhola], 1622–1625. Oil on canvas *Óleo sobre tela*. 394 × 295 cm. Musée du Louvre, Paris

72
Pete Scantland Collection
Photo *Foto*: Bruno Leão

74
Samdani Art Foundation
Photo *Foto*: Bruno Leão

77
Hollander-Yehudi Collection
Photo *Foto*: Bruno Leão

86
Speed Museum
Photo *Foto*: Bruno Leão

87
The Ray and Kay Harvey Collection
Photo *Foto*: Kristien Daem

88, 90–91
Private Collection, China
Coleção privada, China
Photo *Foto*: Ana Pigosso

92
Hollander-Yehudi Collection
Photo *Foto*: Bruno Leão

93
Photo *Foto*: Bruno Leão

94
Yorgos and Alicia Tsibiridis Collection
Photo *Foto*: Bruno Leão

95
Private Collection
Coleção privada
Photo *Foto*: Jonathan Nesteruk, courtesy *cortesia* Pace Gallery

96, 98
Private Collection
Coleção privada
Photo *Foto*: Bruno Leão

97, 99
Private Collection
Coleção privada
Photo *Foto*: Bruno Leão

100
Private Collection, Los Angeles
Coleção privada, Los Angeles
Photo *Foto*: Jonathan Nesteruk, courtesy *cortesia* Pace Gallery

101
Private Collection
Coleção privada
Photo *Foto*: Bruno Leão

102–103
Photo *Foto*: Bruno Leão

104
Private Collection
Coleção privada
Photo *Foto*: Jonathan Nesteruk, courtesy *cortesia* Pace Gallery

105
Surface Collection
Photo *Foto*: Jonathan Nesteruk, courtesy *cortesia* Pace Gallery

106
Private Collection
Coleção privada
Photo *Foto*: Jonathan Nesteruk, courtesy *cortesia* Pace Gallery

107–108
Private Collection
Coleção privada
Photo *Foto*: Jonathan Nesteruk, courtesy *cortesia* Pace Gallery

109–110
Private Collection
Coleção privada
Photo *Foto*: Bruno Leão

111
Private Collection
Coleção privada
Photo *Foto*: Pace Gallery

112
Private Collection
Coleção privada
Photo *Foto*: Jonathan Nesteruk, courtesy *cortesia* Pace Gallery

113
Private Collection
Coleção privada
Photo *Foto*: Bruno Leão

114
Private Collection
Coleção privada
Photo *Foto*: Pace Gallery

115
Private Collection
Coleção privada
Photo *Foto*: Pace Gallery

116
Private Collection
Coleção privada
Photo *Foto*: Pace Gallery

117
Private Collection
Coleção privada
Photo *Foto*: Pace Gallery

118, 120–121
Private Collection
Coleção privada
Photo *Foto*: Pace Gallery

119
Private Collection
Coleção privada
Photo *Foto*: Pace Gallery

122
The Gogel Collection
Photo *Foto*: Bruno Leão

123
Private Collection
Coleção privada
Photo *Foto*: Pace Gallery

124
Private Collection
Coleção privada
Photo *Foto*: Pace Gallery

125
Private Collection
Coleção privada
Photo *Foto*: Pace Gallery

126
Private Collection
Coleção privada
Photo *Foto*: Pace Gallery

127
Private Collection
Coleção privada
Photo *Foto*: Pace Gallery

128
Private Collection
Coleção privada
Photo *Foto*: Pace Gallery

129
Private Collection
Coleção privada
Photo *Foto*: Pace Gallery

130–131
Private Collection
Coleção privada
Photo *Foto*: Pace Gallery

133
Private Collection
Coleção privada
Photo *Foto*: Pace Gallery

134
Photo *Foto*: Bruno Leão

135–137
Private Collection
Coleção privada
Photo *Foto*: Pace Gallery

138
Private Collection, Los Angeles
Coleção privada, Los Angeles
Photo *Foto*: Jonathan Nesteruk, courtesy *cortesia* Pace Gallery

Published by
Publicado por
Circle
www.circle-llc.com
Editora Cobogó
www.cobogo.com.br

With the support of
Com o apoio de
Mendes Wood DM
www.mendeswooddm.com
Pace Gallery
www.pacegallery.com

Translations
Traduções
Adriana Francisco

Translation Copyediting
Revisão de tradução
Julia Sobral Campos

Proofreading
Revisão final
Brian Sholis
Débora Donadel

Graphic Design
Projeto gráfico
Elif Tanman and
Christopher Lawson

Printing
Impressão
Graphicom, Italy

Distribution
Distribuição
D.A.P. (Distributed Art Publishers)
75 Broad St., Suite 630
New York, NY 10004, USA
www.artbook.com

The artist wishes to thank the following for their continuous support and for making this publication possible: Pedro Mendes, Felipe Dmab, Matheus Yehudi, Taciana Birman, Marc and Fairfax Glimcher, Samanthe Rubell, Adam Sheffer, Ermanno Rivetti, and the entire team at Mendes Wood DM and Pace Gallery. Diana Campbell and Osman Can Yerebakan, Alex Bacon, and the entire team at Circle. As well as my beloved family and friends.

ISBN (Circle) 978-0-578-99756-8
ISBN (Cobogó) 978-65-5691-060-4

Circle

Editor-in-chief
Editor-chefe
Alex Bacon
Hudson Shively

Associate Editor
Editora associado
Clarisse Fahrtmann

Editora Cobogó

Editor-in-chief
Editora-chefe
Isabel Diegues

Editorial Coordination
Coordenação editorial
Valeska de Aguirre

Production Manager
Gerente de produção
Melina Bial

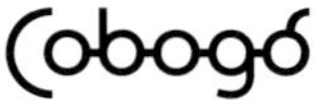

CIP-Brasil. Catalogação na Publicação
Sindicato Nacional dos Editores de Livros, RJ

C195m
Campbell, Diana
Marina Perez Simão / Diana Campbell,
Osman Can Yerebakan.
1. ed. Rio de Janeiro: Cobogó, 2022.

ISBN 978-65-5691-060-4
1. Simão, Marina Perez: Exposições.
2. Arte pós-moderna. 3. Arte brasileira
Séc. XXI - Exposições. I. Yerebakan, Osman Can.
II. Título.

22-76267 CDD: 709.81
CDU: 7.038.6(81)

Meri Gleice Rodrigues de Souza – Bibliotecária
– CRB-7/6439